町田宗鳳
Machida Soho

死者は生きている

「見えざるもの」と私たちの幸福

筑摩書房

死者は生きている　「見えざるもの」と私たちの幸福

もくじ

水木しげるの「幸福七カ条」／死者・神仏・自然は三位一体／お墓参りは無駄足にはならない／仏壇をおろそかにしてはならない／死者と一緒に踊る盆踊り／「死者の力」で繁栄した都市／天皇や将軍も死者に守られていた／どういう神社やお寺にお参りすべきか／みだりに足を踏み入れてはいけない神域／パワースポットとは何か／自然から受け取るもの／マナ・パワーが溢れる山々／異界の言葉を話す人々／「目に見えるもの」も大切に

装幀　神田昇和
カバー作品
早川総子
「遊動天都J−2」
（三上仁撮影）

死者は生きている　「見えざるもの」と私たちの幸福

はじめに

私は、今まで日本語と英語で五十冊近くの本を書いてきました。それでも書斎というものを一度も持ったことがなく、大学の研究室以外では、自宅のダイニング・テーブルや移動中の乗り物の中で執筆しています。よくもそんな状況で、こんなに多くの本を書いたと、我ながら少し呆れています。ところが、それだけたくさんの本を書いても、私がどうしても避けてきた重要なテーマが、ひとつだけあります。

それは死者の魂をはじめとする、「見えざるもの」がこの世の人間に強い影響を及ぼしている事実についてです。そのようなことを論じることは実証主義に基づく近代的学問の規範から外れることになり、学者としての見識を疑われるかもしれません。

しかし国内外の大学で二十五年間も教鞭を執り続けた私も、いよいよ定年退職を迎え、比較宗教学者としての責任を果たすためにも、目に見えない世界のことをこのへんではっきりと語っておくべきだと思うようになりました。決して学問的規範を放棄するというわけではありませんが、その規範から大胆に踏み出し、私が長年、心に抱いてきた本音の部分を本書では率直に書いてみたいと思います。

現代人は近代的な学校教育を通じて、合理主義や物質主義の洗礼を受けたためか、形や色がある「見えるもの」の価値しか理解できなくなっています。学校教育は人間の知性を磨く素晴らしい制度ですが、その一方で人間が本来持っている「見えざるもの」に対する逞しい直観力を弱めてしまう危険性もあるのです。

ところで「見えるもの」とは、財産や社会的地位です。一万円札も目に見えますし、課長や部長といった肩書も目に見えます。それらがどうでもよい俗っぽいもの、価値なきものとは、私も考えていません。人間はこの世で「見えるもの」を獲得しようと汗水たらして懸命に努力することによって、大きく成長します。その世俗的な努力を怠って、スピリチュアルな神秘現象ばかりを追い求めるのは、一種の逃避行であり、人間としてとても幼いことです。

私が主張しているのは、「見えるもの」だけではなく、「見えざるもの」にも公平な目を向けると、生きる世界が何倍にも広がるということです。そして、ひとたび「見えざるもの」の存在の大きさに気づくと、生きる勇気がどんどん湧いてきます。

たとえば、自分が毎日暮らしている家をてっきり平屋だと思い込んでいたのに、じつは二階も三階も、おまけに地下室もあることを発見したら、びっくり仰天すると同時に、生活空間が何倍にも広がったことに大喜びするはずです。「見えざるもの」の存在に気づくというのは、そういうことなのです。いつまでも自分を常識の座敷牢に閉じ込めておくのは、もったいない話です。

そのことがしっかりと理解できていれば、親しい人をどういう形で亡くしたとしても、いつまでも悲しみに暮れることはありません。死後の世界や死者の力も「見えざるもの」のひとつです。その人は確実に今もあなたを見守り、励ましています。それを「見えるもの」の存在しかわからなくなっている我々が、気づかないだけです。せっかく一生懸命にあの世からエールを送ってくれている死者たちが気の毒なくらいです。

神仏の存在も「見えざるもの」ですが、それを感じ取るだけの感性が必要です。神仏といえば、日本人なら天照大神《あまてらすおおみかみ》や大国主命《おおくにぬしのみこと》、あるいは大日如来や観音菩薩などのことを思い浮かべるかもしれません。ほかにも神仏の名前となれば、際限もなく多く存在します。しかし、それは長い歴史の中で人間が勝手にそういう名前を付けただけのことであり、本来は、神仏とは不可視のエネルギー体のことです。

物理学的にもエネルギーの状態はつねに動的で千変万化しますから、それを我々が使用している言語で表現しようとすると、神道の場合、八百万《やおよろず》の神々ということになるわけです。異なった文化圏では、ゴッドになったり、アッラーになったりします。本来は、ひとつのエネルギー体が様相を変えて人間の前に現れているだけだのに、自分が信奉する神仏の名前の違いだけで、人類が宗教戦争を繰り返してきたことは、悲しいほど愚かなことです。

宇宙構造の全体をいまだに人類は把握できていないように、神仏という不可視のエネルギー体の全容は、人間の意識ではとうてい理解できません。なのに、そのごく一部の特徴を捉えて、各宗教は複雑な教義を構築してきました。そしてそれを絶対視し始めることによって、無数の教団組織が成立し、組織間の対立が生じるようになったのです。

しかし宗教は本来、生きているうちも、さらには亡くなってからも、人間の魂を自由な世界に解放するものです。現存の宗教は、人間の魂を拘束する面が強すぎます。遠からず、宗教のリセットが行われ、軌道修正がなされるでしょう。そういうことは、人類史上、何度も繰り返されてきたことです。

寺社仏閣にお参りするのも、気休めのためでも観光目的のためでもありません。人間は、そこで精神的充電を確実に受けることができるからです。お寺や神社にお参りするのは、電気自動車が電源ステーションで充電するようなものです。「見えざるもの」をありありと感じる能力を手に入れると、特別な行事がなくても、神社やお寺に足を運ぶのが楽しくなります。

どちらにせよ現代人は理知を偏重するあまり、頭デッカチになってしまい、不可視のエネルギー体を素直に感じ取るだけの身体感覚を喪失してしまったのです。便利な都会生活も、人間がもともと持っていたはずの野生的な身体感覚を鈍らせています。

ちなみに、あらかじめ申し上げておきますが、私は「霊感のすすめ」を書こうとしているのではありません。霊感は、しばしば個人的幻想の歪みを伴っています。個人的にも、私は霊感というものをもち合わせていませんし、心霊現象やオカルトにも関心がありません。私にあるのは、日常と非日常、常識と非常識を分ける塀の上をひとりでとぼとぼと歩いてきたという妙な自負心だけです。

日常と非日常、常識と非常識のどちらか一方に堕ちることは、人間に与えられた精神の自由をみずから放棄することのような気がします。『異端力――規格外の人物が時代をひらく』（祥伝社新書）という本の著者でもある以上、たとえ世間一般から異端視されようとも、私は際どい塀の上をこれからも堂々と歩き続けることでしょう。

「見えざるもの」の中でも、とくに「死者の力」が本書の一貫したテーマとなりますが、それが目に見える現象以上に実在感のあるものであることを他者の言説だけではなく、私の個人的体験に基づいて書くつもりです。思わず眉に唾をつけたくなるような怪しく聞こえる話もしばしば登場してくると思われますが、途中で投げ出さず、ぜひ最後まで読んでくださることを冒頭にお願いしておきます。きっと新たな力が内から湧いてくるはずです。

著者記す

第1章

死は最高の幸せである

●死者はいつも寄り添ってくれている

世界中の数えきれない人々が、今日も親しき人を亡くした悲しみに打ちひしがれています。親を亡くし、子を亡くし、兄弟を亡くし、友を亡くす。これほど悲しいことはありません。それが、人間が生きているかぎり、必ずどこかで味わうことになる試練でもあります。

時には大きな自然災害が起きて、あるいは想像もできないような事故に巻き込まれて、先ほどまで元気に語り合っていた人が、突然目の前から消えてしまうようなことも起こり得ます。そういう時は残された人は地の底が抜け、太陽の光が消えたような絶望の淵に落とされます。愛があればあるほど、その淵は深く、暗いものとなります。イギリスの桂冠詩人アルフレッド・テニスンが美しい詩を残しています。

愛し、そして喪ったということは、いちども愛したことがないよりも、よいことなのだ。

（『イン・メモリアム』入江直祐訳、岩波文庫）

愛する人を喪うことがどれだけ辛いことであっても、それほど愛する人がいたという事実に感謝すべきなのかもしれません。ずっと独りぼっちだったら、愛する人を喪う悲しみを味わわなくてもすむのかもしれませんが、人間としてもっと寂しいことです。

それでも子供や配偶者など、とくに親しい人を亡くした場合、あまりにも衝撃が強く、深いトラウマを抱えてしまうことがあります。その狂おしい悲しみは、古今東西の文学において永遠のテーマにもなっています。日本の謡曲『隅田川』もそのひとつです。我が子を人買いにさらわれた母親が京の都から江戸の隅田川まで探し求めてきて、我が子の死を知らされます。そこで物狂いの舞を舞うことになりますが、彼女の悲しみを体現しながら、これを舞台で舞うことは能楽師にとっても至難の業とされています。

実際にそういう悲しみを抱えた人に、私はたくさん会ってきました。場合によっては、生涯にわたって死別のトラウマを抱えている人もいます。親しい人を亡くして、心が千々に乱れるのは人間として当然のことです。その悲しみを抑えることは不要です。シェイクスピアの悲劇『マクベス』にも、悲しみを表現することの大切さを訴える台詞があります。

悲しみを声に立てなさい。口に出さない悲しみは、荷の勝ち過ぎた心臓にささやいて、それを破裂させるのだ。

（河合祥一郎訳、角川文庫）

親しい人の死に直面した時は、遠慮はばかりなく、大いに声をあげて悲しみを訴えればいいのです。きっと涙が、狂おしい悲しみを和らげてくれます。そして、涙が流されただけ、死者もまた慰められると思います。

しかし、その悲しみをいつまでも抱き続けることは、いささか疑問です。なぜなら死者は、死んではいないからです。肉体が消えただけで、亡くなった人の魂は今もあなたに寄り添っています。むしろ生きていた時以上に、死者は肉体という制約を持たないですむので、生者にぴったりと寄り添います。谷川俊太郎氏が「あなたはそこに」という素晴らしい詩を詠んでいます。

ほんとうに出会った者に別れはこない
あなたはまだそこにいる
目をみはり私をみつめ　くり返し私に語りかける
あなたとの思い出が私を生かす
早すぎたあなたの死すら私を生かす
初めてあなたを見た日からこんなに時が過ぎた今も

これは、詩人の鋭い直観です。私も谷川さんと同じように「あなたはまだそこにいる」ことを物理的な事実として受け止め、「早すぎたあなたの死すら私を生かす」と感じています。我々は、亡くなった人たちの力によって支えられているのです。

それは、気休めではありません。近代文明を支えている電気は目に見えませんが、スイッチを入れれば、ラジオからニュースも音楽も流れてきますし、何百トンもある電車も動き始めます。電気は目に見えなくても、確かに存在しています。死者の魂が持つ力もそれと同じことであり、決して虚妄の話ではないのです。

●必ず想いは届く

鎌倉時代に最初に念仏信仰を広めた法然上人《ほうねんしょうにん》は、人々から「お念仏を唱えたら、誰でも極楽往生《ごくらくおうじょう》できるって、本当ですか」という質問を何度も受けています。それまでの数百年間にわたって、学問を積み、戒律を保つ南都北嶺の僧たちが布施《ふせ》をしない人間は救われないと説いていたので、誰も法然の非常識ともいえる言葉を信じられなかったからです。その時の彼の回答は、驚くほど明確なものでした。

甘いものは甘い。酸っぱいものは酸っぱい。炎は上に向かって昇り、水は下に向かって流れる。

極楽往生はそれほど確かなものです。

私は、法然上人と同じくらいの確信をもって言えます。

死者は生きています。今、あなたの横にいます。

もちろん愛する人には、肉体を持ったまま、いつまでも近くにいてほしいものです。それが当然の人情です。でも人には寿命というものがありますから、必ずしもこちらの希望どおりにはいきません。

死が理不尽な形で訪れてしまったのなら、神の存在を信じている人ですら、神を恨みたくなるでしょう。

でも、しばらく狼狽《うろた》えた後には、その人の死を素直に受け入れなくてはなりません。私自身も『光りの海』（法蔵館）という小説で、東日本大震災の後、辛うじて生き残った被災者が家族や友人を失った悲しみを、どのように乗り越えてこられたかを描かせていただきました。

津波に流された家の中で共に励まし合いながら耐え忍んでいた伴侶が、ついに低体温のために息絶え、目の前で冷たい海に沈んでいったり、辛うじて生き残った母親が瓦礫の下に物言わぬ我が子を見つけ、真っ暗な闇の中で冷たくなった子をひと晩抱き続けたり、あまりにも多くの人々が壮絶な場面を目撃してこられました。そんな時、自分も一緒に死にたいと思わなかった人はいなかったのかもしれません。

それでもその悲しみに耐え、今もたくましく生きておられます。そして、生き残った人たちの心のうちに、死者は今も生きています。被災地で、あまりに多くを失った人たちも、その悲しみを乗り越えた時、「見えざるもの」の力強さに気づかれたのではないでしょうか。

後で詳しく述べますが、死者もあの世に行ってから、どんどんと魂の成長をしています。その成長をこの世的な感情で妨げるようなことをしてはいけないのです。ほんとうに死者を弔いたければ、「愛と感謝」というポジティブな想念をあの世に送り届けるしかありません。死者はこの世からいなくなってしまったわけではありませんから、こちらの想いは必ず届きます。

●切れることのない死者とのつながり

今、地球の四百キロメートル上空には、国際宇宙ステーションが周回しています。時には肉眼でそれを見ることもできますが、各国が交代で補給ロケットを打ち上げないと、そこに滞在している宇宙飛行士はサバイバルできません。それと同じように、我々はあの世の人たちに「愛と感謝」という想念の栄養を送り込むことが必要なのです。

青森県の下北半島にある恐山《おそれざん》では、イタコと呼ばれるシャーマンたちが魂寄《たまよ》せをして、死者との交流をします。呪文を唱えながら彼女たちが口にするのは、亡くなった人からの依頼者本人しか知らないことについてのアドバイスです。イタコの資質も多様なので、彼女たちが口にする「異言《いげん》」はつねに信憑性があるものとは言えませんが、そういう死者との交流は世界各地のシャーマニズムの場で毎日のように行われています。

死者との交流など荒唐無稽な話であり、まったく根拠のないオカルトであると考える人もおられるでしょう。そもそも、あの世など存在するはずがない。死んだら終わりだと考えている人は、現代社会では多数派かもしれません。失礼ながら、それは色や形のある目に見えるものだけを信じ、常識世界の「井の中の蛙」になっているようなものです。少しばかり心の眼を開けば、死んでも死んでいない人たちの姿が見えてきます。

現存する科学技術で実証不可能な事柄については、個人の主観的問題なので、他者に自分の意見を押しつけるつもりはありません。しかし、死者はつねに残してきた家族や友人に、自分の思いを少しでも伝えたいと願っているというのが、私の考えです。

ハリウッド映画でさえ、『ゴースト ニューヨークの幻』（ジェリー・ザッカー監督）や『シックス・

センス』（M・ナイト・シャラマン監督）をはじめ、死者がこの世の人間との交流を試みるというシナリオで作成されたものが数多くあります。日本でも二〇一五年、浅野忠信・深津絵里主演の『岸辺の旅』（黒沢清監督）という映画が上映されましたが、これは三年前に失踪していた夫が妻のもとに現れ、自分が死に至ることになった道筋を一緒に旅しようと誘います。共に旅するうちに、妻は夫の深い愛を自覚するというシナリオです。

吉永小百合・二宮和也主演の『母と暮らせば』（山田洋次監督）でも、長崎の原爆で即死した医学生・浩二の亡霊が死後三年たって、実家に現れ、以前の陽気な性格のまま、母と暮らし始めます。それは、母が息子への執着を断ち、彼のことを諦めた直後に起きる現象です。亡霊の浩二も婚約者の町子への思いを断ち切るまで時間がかかりますが、ついには本人の幸せを願って、他者との結婚を認めるようになります。最後は、病死した母と共に、あの世に旅立っていくシーンで終わります。

これら死者を扱った二本の映画は、どちらもフィクションですが、現実にはこれらのフィクション以上のドラマが展開されているはずなのに、私たちがそれに気づかないだけです。ともに亡霊が死の三年後に出現するところに共通性がありますが、恐らく三年という歳月は、この世に生きる人間が愛する者の死を全面的に受け入れるようになるまでに、どうしても必要な時間なのかもしれません。

これらの映画では生者と死者が何気なくふつうに交流しますが、この世とあの世の境目というのは、我々が想像するほど大げさなものではなく、東京都から埼玉県に移動するぐらいの違いかもしれません。毎日、埼玉と東京のあいだを通勤している人が、電車の中で今、県境を越えたなどと意識しているわけではありません。知らない間に通勤電車が県境を越えているように、自分が死んだことを自覚していない死者もたくさんいるはずです。その一部が幽霊になって現れたりするわけです。

私は両親を亡くした以外、とくに親しい人を亡くした経験がありません。父が亡くなった時は、当時勤めていたプリンストン大学での仕事が忙しくて、日本に帰らず、葬式にも出ませんでした。兄弟から顰蹙《ひんしゅく》を買いましたが、自分としては、どこにいても心から父のことを想えば、弔いができると思っていたのです。母が亡くなった時は、たまたま日本にいて、私が両腕で抱きかかえるうちに息を引き取りました。母は胆管ガンを患っていたのですが、死の瞬間、何か荘厳な音楽を聴いているような雰囲気に包まれ、人間の死はその原因にかかわらず、厳粛なものだと思いました。

友人や知人となれば、数えきれないぐらい亡くしていますが、ひどい悲しみに暮れたことはありません。「もう少し、生きていてほしかったな」とは思いますが、その一方で、「あの世での新しい人生が始まったね。頑張って」などと考えてしまいます。

また私には、一度も会ったことがない姉がいます。彼女はとびきり元気な女の子だったそうですが、幼稚園で受けた予防注射が原因で、あっという間に亡くなってしまいました。夭折《ようせつ》する子供には進化した魂の持ち主が多いらしく、ふつうの子より、可憐だったり、賢かったりするので、その子の死は大きな喪失感として残ります。私の両親も、八十歳前後で亡くなるまで、時々、姉のことを語っていました。親にとって幼い子を亡くすというのは、それほど強いインパクトを持ち得るのです。

でも、私はその姉の話を聞いても、「当時、両親はずいぶん辛かっただろうな。姉本人も、もっとこの世で家族と一緒に過ごしたかったに違いない」と思うだけで、あまり感傷的にはなりません。なぜなら、その姉が今も生きていることを知っているからです。

誰かの肉体を借りて、生まれ変わっているかもしれないし、そうではなくても、彼女の想念は失われることなく、この世の人間に引き継がれています。あえて言えば、彼女の死の二年後に生まれてきた私に引き継がれています。私は会ったこともない姉に戒名《かいみょう》をつけ、機会あるごとに供養をしていますので、彼女のことをとても近くに感じています。

●幽霊の正体

私は幽霊の気配なら暗闇の中で何度か感じたことがありますが、この目で見たことはありません。「幽霊の正体みたり枯れ尾花」ということもありますから、その気配が私の恐怖心から来たものなのか、実際に幽霊がそこにいたのかは、判断しかねます。しかし、世間には無数の幽霊話が存在しますから、見る人は見るのだと思います。

いつかフランス中西部の小さな村にある古い修道院を訪ねた時、案内の女性が三階の階段を上り終わった時、「ここからは、ときどき幽霊が出ます」と真顔で言ったのには驚きました。たしかに、そこから先は不気味な気配が漂っていましたが、そういうことを公然と口にするからには、そこで多くの人が幽霊を見たのでしょう。中世ヨーロッパでは、異端審問や魔女狩りで、何万人もの人々が罪無くして処刑されています。そういう人たちの無念の想いが幽霊という現象を引き起こしているのかもしれません。

事故や災害などで突如として命を奪われた人たちも、亡くなったという自覚がないので肉体がある時の意識のまま、人の前に現れることがあるのでしょう。東日本大震災後にも、幽霊があちこちに現れるという噂が多く流れましたが、無理もないことです。予測もしない巨大な津波に一気に流されて、そのまま意識を失った人は、「自分は死んだのだ」という自覚を持つ余裕もなかったのでしょう。幽霊とは、死者の生前の意識がこの世で映像化したものと言えるのかもしれません。精神分析的に言えば、当人の生前の意識と死後の無意識が結合されずに、分裂したままだと幽霊という現象が生じやすいと思われます。

しかし、幽霊をむやみに不吉と思ったり、恐れたりする必要はありません。なぜなら幽霊は、我々の理解を求めているだけだからです。あの世で安穏に過ごせばよさそうなものの、わざわざ幽霊なんかになって、我々の目の前に現れるからには、それだけの事情があるはずです。我々に求められているのは、その事情を汲み取るだけの思いやりです。

能楽でも夢幻能の主人公（シテ）は、つねに戦や裏切りによって命を落とした人物の霊です。生きている人間に恨みつらみを語ってから、一度は舞台から消えます。二度目に現れた時は、幽霊である正体を明らかにしますが、相手役（ワキ）の僧侶が言い分に耳を傾けてから、ねんごろに供養すると、シテはすごすごとあの世に帰っていきます。

万一、我々も幽霊に遭遇することがあれば、能舞台の上にいるつもりで、相手と対話してみてはどうでしょうか。「もうあなたは、死んだのです。この世にさまようのではなく、あの世で平安にお暮らしください」という気持ちで手を合わせてあげれば、いいのです。

私自身も東北の被災地で幽霊が頻繁《ひんぱん》に目撃されるという場所に行って、お供養をさせてもらったことがあります。被災者を支援されるボランティアは多くおられたので、私は死者を支援するボランティア活動をしようと思ったのです。一度や二度の供養で、命を失ったあれだけ多くの人々の鎮魂《ちんこん》慰霊ができたとは考えていないので、これからも機会あるごとに被災地に出かけたいと思っています。

幽霊と同様に昔から恐れられてきたのが、「死者の祟《たた》り」です。この世に深い想いを残して亡くなった死者の気持ちをないがしろにすれば、そういうこともあり得る話です。

太宰府《だざいふ》天満宮《てんまんぐう》や北野天満宮は、今も多数の参拝客がある有名な神社ですが、その発祥は不当な讒訴《ざんそ》のために不遇のまま人生を終えざるを得なかった菅原道真の鎮魂でした。それほど人々は、本気で「祟り」を恐れたのです。日本全国に御霊《みたま》神社が存在しますが、すべて死者の霊を鎮魂するための神社です。近代以前の人にとっては、死者の存在はとてつもなく大きかったのです。

●死の瞬間に何を想うか

私は「祟り」という言葉があまり好きではありませんが、死者が生きている者に気づいてほしいことがある時、なんらかの形でシグナルを送ってくることは、大いにあり得ることです。それが祟りの正体ですから、そのシグナルをきちんとキャッチすれば、不可解な現象は止むはずです。

俗に「先祖の祟り」といった表現もありますが、可愛くて仕方ないはずの自分の子孫を祟るということは、まず考えられないことです。もしも何か不都合なことが起きたとすれば、ご先祖様は子孫であるあなたに自分たちを振り返って見てほしいのではないでしょうか。

交通事故が何度も同じ場所で起きたりすると、「地縛霊がいる」という噂が広がったりしますが、それもきちんと供養さえすれば、消える現象です。供養もせずに、むやみと恐れるというのは、死者がいちばん望んでいないことです。

それにしても自分自身が亡くなったあと、幽霊になったり、「祟り」を引き起こしたりするようなら、死に方はしたくないものです。老衰で枯れるように亡くなるのが理想ですが、現代社会のことですから、事故や病気で亡くなる可能性のほうが高いかもしれません。どういう原因で死ぬかではなく、どういう想いを抱いて息絶えていくか、これは我々ひとりひとりに課せられた最後の宿題です。

どれだけ長く寝込んでいたとしても、死ぬのは一瞬です。その一瞬に、どういう想いを抱いて息絶えるのか、これはなかなか難しい課題です。日頃から品行方正で、人からも尊敬されていた人物でも、いまわの際に人を恨んだり、怒ったりして亡くなるかもしれません。社会的肩書きがある人でも、まったく取り乱してしまったり、虚無的になってしまったりすることも、ままあることです。

世界保健機構（ＷＨＯ）によれば、一般的に末期患者は、身体的苦痛（physical pain）・心理的苦痛（mental pain）・社会的苦痛（social pain）・実存的苦痛（spiritual pain）という四つの苦しみを抱え、しかもそれらの苦しみは相互に連鎖していくとされていますから、穏やかに死ぬというのは大いなる難題なのかもしれません。

誰だって死に臨んで、化けの皮がはがれることになると思えば、なんだか恐ろしい気もします。できれば穏やかな死を迎えられるように、意識の深いところで自己と他者に対して「愛と感謝」を抱いているような生き方を、元気なうちから実現させておきたいものです。

『歎異抄《たんにしょう》』の中で、親鸞《しんらん》聖人は「煩悩まみれの人間のことだから、死への恐怖や不安があるだろうけども、それでも構わない。そういう迷い深き者こそを阿弥陀仏は救ってくださるから、自分に素直な気持ちで亡くなればよい」と語っています。しかし、現代人は鎌倉時代の念仏信者とは異なり、そこまで徹底した信仰心を持ち得ません。

だからこそ、ふだんから死について思いをめぐらせておく必要があるのです。たとえつまずきの多い人生だったとしても、最期を「ありがとう。幸せだった」という言葉で締めくくることができたなら、オセロゲームの終盤で黒石を全部白石にひっくり返してしまうようなものですから、人生の逆転勝ちとなります。

もっと理想的なのは、ニッコリと微笑みながら「愛と感謝」の言葉を看取ってくれる人たちに残せることです。それには、日頃からなるべく物事に執着を持たないような生き方が求められています。現実に住まいを引越す際も、「立つ鳥、跡を濁さず」というくらいですから、ましてやこの世を去る時は、身辺整理をするだけでなく、あらゆる想念をきれいにして去りたいものです。

インド建国の父・ガンディーは、ヒンドゥー教原理主義の暗殺者に三発の銃弾を撃ち込まれた瀕死の時にも、「ヘー・ラーム（おー、神よ）」と言い、自分の額に手を当てて暗殺者を赦す」という仕草です。ふつうの人間なら、暗殺者に向かって「コイツ、何をしやがるんだ」とでも叫んだかもしれませんが、いつも神を意識していたガンディーには、許しの行為しか出てこなかったのです。そして、強大な大英帝国からインド独立を勝ち取ったガンディーがこの世に残していったものは、メガネ・木綿服・サンダル・杖・食器・聖歌集・手帳の七つだけでした。人類史上に残る偉大な政治家でしたが、ひとりの人間としても見事な死に方です。

「空飛ぶローマ法王」として絶大な人気を誇ったヨハネ・パウロ二世もそうです。自分を暗殺しようとした者を刑務所に訪ねた後、「我々が話したことは、彼と私のあいだの秘密のままでなければならないでしょう。私は彼を許し、完全に信頼できる兄弟として話しました」と語っています。法王暗殺を計画した人間はバチカン内部の高官だったという説がありますが、人間の悪意が渦巻く世界に身を置きながら、法王はいつも聖母マリアを讃えるロザリオを唱え、ひたすら意識を神に置いていたのです。暗殺者の銃弾二発が法王の体を貫通しながらも、奇跡的に内臓に損傷を与えていなかったことについても、「ロザリオのおかげだった」と語っておられたそうです。

法王は晩年、暗殺未遂の後遺症とパーキンソン病に苦しみましたが、「父なる神の国に行かせてほしい」という言葉を残して、この世を去りました。この言葉は、法然上人が臨終の際、「ほんとうに極楽往生されるのですか」と聞いた弟子に対して、「もともといた所に帰るだけだ」と答えた話を想起させます。

ところで、イラク戦争を始めたジョージ・W・ブッシュ大統領は、アメリカでいう「ボーン・アゲイン」(Born Again)、つまり聖霊によって自分は完全に生まれ変わったと信じる原理主義的なクリスチャンでした。その彼が「神の加護を」「神の祝福あれ」としきりに「神」を引用して戦争を正当化していたのです。

それに対して、ヨハネ・パウロ二世は「神の名を用いて殺すなかれ。イラクでのこの戦争に正義はなく、罪である」と、毅然としてアメリカ大統領を批判したのですが、これは宗教家として特筆されるべきことです。なぜならイエズス会の最高位である法皇が現存する政治体制に対して批判的見解を公言することは珍しいからです。

それにしても、我々がガンディーやヨハネ・パウロ二世から学ぶべきことは、「死の瞬間」まで濁りなき心でいることです。なぜなら、その瞬間に抱く想いは、この世の総決算であると同時に、あの世へのスタートラインの位置を決めるものだからです。

蛇足ですが、私には人の死に際について、ひとつの持論があります。それは、ふだんからトイレの使い方がだらしない人は、死に際がよくない、ということです。トイレを美しく使っている人は、死に際もきれいというものです。この持論にはなんの根拠もありませんが、自分の直観が外れていないような気がします。私が、用便をすませると必ず便器に向かって合掌してからトイレを出るようにしているのも、そのためです。

●亡くなった人も心理発達する

精神分析家エリク・エリクソンの「心理社会的発達理論」によれば、人間は生涯を通じて、乳児期から成熟期まで八段階の心理発達をとげていくとされています。ただ、その発達が必ずしも順調にいくとは限らず、自分の置かれた境遇次第では退行現象が生じ、最近よく話題に上るようになった発達障害に陥り、さまざまな精神疾患を発症することになります。

私はハーバード大学在学中に、すでに退官した高齢のエリクソン名誉教授に直接お会いしたこともあり、当時はその理論を全面的に受け入れていました。ところが、自分も六十半ばになった現在では、その高説に大いに異議を唱えたいと考えています。

まず人間の心理発達は誕生後に始まるとエリクソンは説いていますが、私はそうではなくて胎児の時から始まっているということです。日本のことわざでも「三つ子の魂、百まで」と言われているように、エリクソンも乳児期に形成される「基本的信頼感」が人格形成に最も重要とみなしています。

たしかに乳児期に親から注がれる無条件の愛情は、人間の魂に最高の栄養となるはずです。親がアルコール中毒、発達障害、精神疾患、幼児虐待癖などの問題を抱えていると、家庭は機能不全となり、幼い子供たちは愛情という目に見えない栄養にありつけず、成人となってのちも極めて未熟な精神性しか持ち合わせていないアダルト・チルドレンとなってしまいます。

ところが、どうやら人格形成に最も大きな影響を及ぼす時期は乳児期ではなく、それ以前、つまり胎児期にある可能性も出てきました。医学の進歩のおかげで、母体にいる胎児が相当程度の知覚能力を持っていることが判明してきたのです。発達科学の専門家によれば、胎児は母体の外にある音や話し声を知覚する能力を持っており、とくに妊娠二十八週目以降から生まれる数週間前までには、聴覚情報を処理する能力を持っているとされています。

ということは、母親の心理状態がお腹の中にいる赤ちゃんに影響を及ぼさないはずがありません。受精直後から猛烈な細胞分裂が進み、妊娠五か月頃には脳は基本的な機能を持つまで成長するわけですから、その時こそ、これから生まれてくる赤ちゃんの最も柔らかい心がうごめき始めた時だと考えるべきでしょう。胎児は肉体に反映される母親の心理状態を通じて、家庭環境の気配を敏感に感じ取っているはずです。胎児に知覚・聴覚能力がなければ、いわゆる胎教も成立しません。したがって、私は「三つ子の魂」ではなく、「胎児の魂」こそが、人格の核心を形成するのではないかと考えています。

別な見方をすれば、受精した瞬間から、その子の魂は両親を見つめ続けているのです。父と母が何を考え、どう行動しているのかをおおよそ理解し、その決定的な影響を受けていると考えてよいでしょう。もし我が子の性格が悪いと考えている親がいるのなら、まずは自分たちがそれまでどういう生き方をしてきたのかを真剣に内省してみるべきでしょう。

さらに私の考えを裏づけるような研究成果がごく最近、福井大学の研究チームによって国際学会誌に発表されました。それは、妊娠中の母体の腸内細菌の状態が発達障害に大きな影響を及ぼしているということです。腸内環境が悪化すると胎児の脳の成長を妨げてしまうことがあるようですが、やはり母親の肉体と子供の精神のあいだには切っても切れない関係があったのです。

そしてもうひとつ、エリクソン教授が見落としていた重大な事実があります。それは、人は亡くなってからも心理発達を継続しているということです。ただ残念なことに、現存の科学技術では、それが実証できませんから、学問的理論として成立しません。ですから、ここに書くことは私の個人的な直観に基づくことです。

死は肉体の消滅を意味するだけで、死者の意識の消滅を意味しません。「死者は死んでいない」のです。彼らの意識、厳密には無意識は継続しています。この世では、我々は成長するにつれて、保育園から大学院まで異なった教育レベルに進んでいきますが、あの世でも、それに相当する霊的進化があるはずです。それを応援する責任が、この世に残された人間に与えられています。

生きている人間でも、他者から「愛と感謝」を受けると生きる励みになりますが、食べ物を口にすることのない死者にとっては、「愛と感謝」こそが最高のごちそうとなります。そのような誠実な霊的応援を受けるたびに、魂の進化の速度は上がるはずです。そうすることによって、死者は高次の霊的存在として、この世に生きる者を導いたり、守ったりすることができるのです。

●あの世とこの世の物々交換

死者と生者のあいだには一種のバーターシステム、つまり物々交換が成立していると言えます。仏壇に灯明や線香、食物や生花を供えるのも、そのためです。その時、形式よりも、心が大切です。宗派によっては、仏前に食べ物を供えてはならないとか、特定の経典を上げてはいけないとか、信者に教条主義的なことを教え込んでいるところがありますが、人間の自然感情を無視した、あまりにもドグマチックな教義と言わざるを得ません。

キリスト教では、死者の行き先は神の審判によるものであり、人間側からの供養は意味をなさないと考えられていますから、墓地に食べ物などを供えることはありません。それでも欧米の墓地を訪れると、花が美しく供えられていたりする所が少なくありませんから、しばしば家族や友人は墓前に佇み、故人を偲ぶ時間を持つのでしょう。

旧石器時代のネアンデルタール人ですら死者を悼み、死者を埋葬した場所に花を供えていたのではないかと推定されています。なぜなら、彼らの骨が発掘されたイラク北部のシャニダール遺跡で、埋葬された人骨の周囲から七種類の彩りのある花粉が大量に発見されたからです。そこに自然に生えていた花ではないことは明らかです。やはり死者を想う気持ちは、宗教や民族とは関係なく、いつの時代であっても人間として誰もが共有しているのです。

それにしても誰にも死を気づかれず、誰にも供養を受けない無縁仏となってしまえば、生前に抱いていた想念のまま、この世に生きる者への怒りや恨みが放置されることになります。言ってみれば、それは死者の発達障害であり、それに伴って「祟り」といった現象が起きるのだとも考えられます。

生きている子供も親から長期間ネグレクト（無視）されると、発達障害に陥る可能性が大きくなると考えられています。そしてその幼くして受けた不幸な障害は、成長と共に拡大し、自虐的な場合は精神疾患となり、他虐的な場合は暴力行為を引き起こすこととなります。ただし、発達障害も本人がきちんと自覚し、正しい対処法を見出せば、時間がかかっても克服可能なことを付け加えておきます。

亡くなって間もない人間も、まったく異次元世界のあの世では幼い子供みたいな存在になっているかもしれませんから、ネグレクトされると霊的な発達障害を起こし、いつまでも同じ心理状態に留まることになる可能性があります。そういうことが起きないように、この世に残された人間が心を込めて死者の世話を焼く、それが供養の意味です。

●ロウソクが燃え尽きるように

私は人間の生命は、一本のロウソクのようなものであると理解しています。短くて太いロウソクもあれば、長くて細いロウソクもあります。それは運命の定めるところであり、個人差があって当然なのですが、大切なことは生命が燃え尽きるまで生きることです。ロウソクの蠟の部分が肉体的生命力だとすれば、芯の部分が精神です。その両者のどちらが欠けても、ロウソクは燃え尽きることができません。仏教には「心身一如」という考え方がありますが、やはり寿命をまっとうするには、肉体と精神の双方を鍛えておく必要があるようです。

ところでロウソクが燃え尽きた瞬間、一条の白い煙がスーッと昇ります。私は、人間の生命にも燃え尽きた瞬間、あのようなことが起きるのではないかと想像しています。この世のものであって、この世のものでないのが、臨終直後の人間の魂です。

そういう状態を仏教では「中有《ちゅうう》」と呼んできました。中有は、亡くなった者が四十九日のあいだtermine、あの世とこの世の緩衝地帯のようなものです。キリスト教では、中有のことを煉獄《れんごく》と呼びますが、昔の人もそういう世界があることを知っていたのです。だから死後、七日ごとの供養を営むことが仏事の伝統になっています。その背景に、生者が死者に対して「愛と感謝」の想念を送り、亡霊を確実にあの世に送り込むという信仰があるわけです。

東南アジアに広がる上座部仏教では、先祖供養が日本よりも熱心なため、毎朝のように僧侶に大量の食糧を布施します。仏門に入った僧侶が供物である食糧を口にしないかぎり、それが先祖に届かないという考え方があるためです。

いつかお盆の時期に、カンボジアの農村に滞在したことがありますが、朝まだ暗いうちから、村民たちは次々とお寺に集結し、本堂のまわりの廊下を歩きながら、ごはん粒を庭先に撒くのです。そうすることによって、ご先祖が浮かばれるという強い信仰があるからです。

この即物的とも言える供養の仕方に触れて、私はいたく感動しました。それほど、家族の死者に対する想いには、強いものがあるわけです。そのように手厚く供養してこそ、家族が息災に暮らせ、農作物も豊かに実ると信じられているのでしょう。

こういう風習については科学的理論が成立しないにしても、合理的な考え方は通用します。つまり、生きている者の意識の持ち方次第で、死んだ者の状況が変わるという考え方です。死者と生者が目に見えないにしても、確実な糸で結ばれているという信仰が村人たちに共有されているわけです。

ただ、貧しい人たちが自分たちの生活を切り詰めてでも、僧侶や寺院に過剰なまでに供養する上座部仏教のしきたりに対して、私は少し批判的です。先祖への想いは尊いものとしても、それを過剰な供養という形で表現する必要はないはずです。現に供養される側の僧侶たちのあいだで、過食が原因で糖尿病や高血圧が広がっています。タイの僧院では、肥満が原因で坐禅すら組めない僧侶が続出していると聞きます。これは本末転倒であり、愚かなことです。

世界遺産に指定されているミャンマーのバガンを訪れた時も、同じ印象を持ちました。広大な原野に無数の仏塔が並んでいる光景は圧巻ですが、人々は貧困にあえいでいるにもかかわらず、ひとつでも多くの仏塔を建てようとします。それでは社会の生産性が向上しません。労働を通じて得た蓄えは、個人や共同体の生活向上のために活用されるべきです。

この悪弊を改善するためには、僧侶が信者を啓蒙していく必要があります。宗教家が庶民の善意を利用して権益を得るということは、古今東西の歴史に一貫して観察されることですが、そういう悪循環を断ち切らないことには、いつか宗教そのものが衰退していくことになるでしょう。

●なぜ臨死体験が存在するのか

あの世が存在するかどうかを判断する上で参考になるのが、世界各地で報告されている臨死体験です。臨死体験とは一度、死亡宣告されたり、瀕死状態に陥ったりした人たちが、蘇生後に語る神秘的な体験です。この神秘的な体験は、国籍や民族を超えた共通性と一貫性があり、恣意《しい》的な要素は少ないと考えられます。

臨死体験については、世界各地の研究機関と学者が精密な調査と分析を積み重ねており、そのデータには膨大なものがあります。一九六九年にキューブラー・ロス医師が臨死体験者のインタビューを集め、『死ぬ瞬間』（邦訳一九七一年、読売新聞社）という著書を発表したことにより、認知度が高まりましたが、日本では一九九〇年代にジャーナリストの立花隆氏が『臨死体験』という本を出したあたりから、一気に注目されるようになりました。

最近では、アメリカの脳神経外科医エベン・アレグザンダー博士が、急性細菌性髄膜炎にかかり、昏睡状態に陥っていた七日間の体験を綴った『プルーフ・オブ・ヘヴン』（早川書房）という本が世界的ベストセラーになり、ふたたび臨死体験が注目を浴びています。

感情や意識を司る脳の領域が完全に停止した状態で、本人は天国で蝶々の羽を持った女性と空を飛びまわりますが、彼女に説得されて、この世に戻ります。後日、両親から送られてきた写真を見て、その羽を持った女性は、博士が幼くして里子に出されていたためこの世で一度も会ったことのない実の妹だったことに気づきます。ハーバード大学医学部でも教鞭を執っていた人物が科学的知識に基づいて、そういう不思議な体験を告白したので世間の注目を浴びたと思われますが、じつはその程度の臨死体験なら世界各地で多数の人たちが経験しています。

二〇一四年にイギリスのサウサンプトン大学を中心に行われた調査では、イギリス、オーストリア、アメリカの十五の病院で心停止状態から蘇生した患者三百三十名のなんと約四〇パーセントが臨死体験を持ったという結果が出ていますので、かなり信憑性のある現象です。

ウィキペディアの臨死体験の説明では、以下のような一定のパターンがあるとされています。

一　死の宣告が聞こえる（心臓の停止を医師が宣告したことが聞こえる。この段階では病室を正確に描写できるなど意識が覚醒していることが多い）
二　心の安らぎと静けさ（言いようのない心の安堵感がする）
三　耳障りな音（ブーンというような音がする）
四　暗いトンネル（トンネルのような筒状の中を通る）
五　物理的肉体を離れる（横たわっている自分の肉体を上のほうから眺めている）体外離脱をする）
六　他者との出会い（死んだ親族やその他の人物に出会う）
七　光の生命（光の生命に出会う。神や自然光など）
八　省察《しょうさつ》（自分の過去の人生が走馬灯のように見える。人生回顧（ライフレビュー）の体験）
九　境界あるいは限界（死後の世界との境目を見る）
十　蘇生（生き返る）

この一連の流れでも、「体外離脱」、「トンネル」、「光」が臨死体験に共通する三大特徴です。じつは私自身、青春の大半を禅寺で過ごし、坐禅に明け暮れていたのですが、これらの三つの特徴は、深い禅定《ぜんじょう》（坐禅の最中に起きる意識変容体験）の中でも体験されることです。なぜ、そういうことが臨死体験と深い瞑想に共有されるのかと言えば、どちらも自我意識が停止し、一歩ずつ潜在意識の階段を下りていく行為だからです。潜在意識を下りていくと、ある時点で「無意識の光」に遭遇し、そこで理知を超えた神秘体験を持つことになります。

本書は、臨死体験の真偽を論じることが趣旨ではないので、これ以上の議論は控えておきますが、これだけ世界各地で共通した事例が報告されていることから、目には見えないものの、あの世と呼ばれる時空が存在することを強く示唆しています。

そして臨死体験で最も注目したいのは、先に亡くなった家族や友人が出迎えにきたという報告です。生前、一度も会ったことがない人物が含まれていることもあるそうですが、それが誰であるのか、直観的にわかると言います。こういうことは、肉体が無くなった瞬間、すべてが無に帰するという考え方では説明できない現象です。

臨死体験は、宗教とはまったく別なものです。古い宗教の古い教義を信じる必要はありませんが、科学者が合理的に調査しても、こういう現象が多数報告されているという事実には、素直に目を向けるべきだと思います。

●死を垣間見れば生き方が変わる

臨死体験は、単に我々の興味をそそる神秘的な現象というだけでなく、そこから生還してきた人たちの生き方を大きく変えてしまいます。シェリー・サザランドは、オーストラリアで五十人の臨死体験者に聞き取り調査をした結果を『光のなかに再び生まれて——臨死体験から学ぶ人生の意味』（人文書院）という本にまとめていますが、それによると何割かの臨死体験者は、体験後に「他人への同情心が深まり、他人の手助けをしたいという願望が強ま」るそうです。臨死体験による人格の変容が以下のようにまとめられています。

【人生への評価】 何気ない会話、行動、自然など、日々の生活にある当たり前のものを評価するようになる
【自己受容】 他者からの評価を気にせずに、ありのままの自分を認められるようになる
【他者への気遣い】 他者への思いやりが増大する
【生命への尊敬の念】 とくに環境問題や生態系への関心が強まる
【反競争主義】 社会的な成功のための競争への関心が弱まる
【物質主義】から【精神性への移行】 物質的な報酬への興味は薄れ、臨死体験で起きた精神的変容へ関心が移行する
【知識欲求】 精神的な知識への強烈な渇きを覚えるようになる
【目的意識】 人生は意味に満ちており、すべての人生には神聖な目的があるという意識が育つ
【死の恐怖の克服】 死への恐怖は完全に克服される。死のプロセス自体への恐怖は残る傾向もある
【死後の世界の確信】 生まれ変わりの存在についての肯定的な信頼が育つ
【自殺の否定】

【光への信頼】
【自己超越】　小さな自己という殻を破り、宇宙全体へと開かれていく心の成長をのぞむ
【サイキック現象】　ヒーリング・予知・テレパシー・透視などの体験が数多く起こる

アメリカ人のある臨死体験者は、「臨死体験が起きる前、私の優先事項は滅茶苦茶だった。その順位が完全にひっくりかえった。一番上だったものが一番下になった。人生を一日一日大切に生きるということがわかった」と語っているそうですが、「見えざるもの」の世界を知るだけで、それだけの変化が現実に起きるのです。

●地獄からの生還

同じ臨死体験でも、天国ではなく、地獄に行って生還してきた人もいます。そのひとりが、弁護士で医学博士でもある秋山佳胤《よしたね》氏です。『食べない人たち　ビヨンド』（マキノ出版）に記されていることですが、秋山氏は東京工業大学の大学院生だった時、司法試験に何度も挑戦しました。三回目の不合格を知った時、下宿で疲労困憊し、失意のドン底で眠りに落ちました。行き先は、地獄です。仏教の地獄絵さながらの光景が展開していて、そこにいる人たちはいろんな拷問を体験するのですが、何度死んでも生き返り、また同じ苦しみを永遠に味わうそうです。その臨場感は、本人にしか描けませんので、少し引用してみましょう。

その暗黒界には、果てがないように思えました。もちろん、何も見えないので、そこがどれだけ広いか確認しようがないのですが、そこに果ての存在しないことが瞬時にわかるのです。あるのは、ただ限りなく続く闇だけ。「ここが地獄の一丁目なのか」。誰に教えられるまでもなく、そう納得しました。（中略）

ただいえるのは、そこが無慈悲な、冷酷無残な世界であること。残酷と絶望だけを凝縮させたような、凶暴でいてとても悲しい、暗黒のエネルギーだけでつくられた暗闇の世界であること。それがものすごい重圧、押しつぶされそうになるほどの圧迫感で伝わってきます。あるいは、それは猛スピードで迫ってくる殺気といってもよいでしょう。いずれにしても、その力に負けてしまうと、身も心も砕けて、もう二度と立ち上がることはできないような迫力でした。

あたりに漂う異臭もただごとではありません。地中奥深くの排水管にへばりついているヘドロの腐敗臭を何万倍も刺激的にしたような、想像を絶する悪臭です。（中略）

まわりには誰もいないと思っていたのですが、目が慣れてくると、そうではありませんでした。いろいろな風体の男女たちがうごめいているのがわかってきたのです。おそらく、あらゆる国とあらゆる時代の人たちが、そこでは同時に暮らしているようでした。それは、着ている服がまちまちで、雰囲気が異なることからもわかります。しかも人間かケダモノか区別のつかないような異形の存在も多数います。いわゆる鬼、または悪魔といわれる生命体でしょう。そうした人たちやモンスターたちがそれぞれグループとなり、自分たちの世界を形成しています。そして、グループ同士でいつも争っているのです。

気がつくと、私は耳をつんざくような狂騒の中にいました。叫び声、悲鳴、喚声、さらにありとあらゆる口汚い言葉、ののしりの声がいっしょくたになって聞こえてきたのです。それは彼らの争いの声でした。

吐きけを催すような悪臭や耐えがたいまでの圧迫感も、大音声で叫び、争っている彼らが発していたのです。それは戦場のような、荒々しい、極限の中で大量分泌されるアドレナリンの不気味なにおいや興奮を何万倍も凝縮させたものかもしれません。

爆弾が破裂する音も絶えず聞こえてくるし、銃声や剣と剣で切り合う音、殴り合う音、凶暴な獣たちのうなり声までそこにまざって、一秒たりとも心が休まることもありません。また戦う高揚感と同時に、戦いに負けた敗北感、喪失感、絶望感、悲しみも伝わってきて、そのむなしさはたとえようがありません。それが永遠に続くのです。それこそ地獄です。それが地獄でなかったとしたら、なんといったらよいのでしょうか。

結局、地獄のドアが開いたような感覚になった瞬間、秋山氏は意識を回復し、アパートの中で倒れているところを友人に発見されて助かります。ところが、地獄体験の後は、なぜか心配も不安もきれいに消えてなくなり、心が晴れ晴れし、毎日幸福感に満たされて暮らすようになります。そのような生の絶対肯定は臨死体験者によく起きることですが、試験勉強も悠々と楽しんでできるようになり、翌年、見事に司法試験に合格したそうです。

極めてリアルなイメージを満載した地獄絵が昔から存在したということは、きっと秋山氏のように地獄の臨死体験を持った人たちが、少なからず存在したのでしょう。我々が臨死体験者の報告から学ぶべきは、生と死が断絶していると思い込み、目に見える世界のことだけで思い悩むのは、じつにもったいないということです。いわばこの世のことは、海面上に見えている氷山の一角であり、目に見えない海面下の事実のほうが、はるかに膨大なのです。そのことを知れば、この世の出来事への執着が減り、もっともっと自由で楽しい生き方ができるはずです。

●「お迎え現象」のありがたさ

臨死体験とよく似ているのが、死期の近づいた人が体験する「お迎え現象」です。臨死体験は瀕死の状態から生還した人が意識回復後に報告することですが、「お迎え現象」は死の数か月前から起きることもあり、まだ生きている人が体験することなので、いつでもコミュニケーションできるところに特徴があります。

少しずつ死期に近づいている人は床の中でウトウトとする時間が増えるのですが、それはご本人の心理的成長にとって、かけがえのない時間となっているようです。その睡眠中に人は夢を見て、すでに先立った人たちと再会し、お礼を言ったり、なんらかの軋轢《あつれき》のあった人とは和解したりして、人生の総決算をするのです。

元気なうちは何かと自我が出しゃばったり、プライドがあったりして、素直になることを妨げるのかもしれませんが、いよいよ死期が迫ってくると人間は、余計な想念がなくなり、裸になれるのかもしれません。そんな素晴らしい作業を夢うつつの中でできるということは、とてもありがたいことです。でなければ、あの世に行ってから、閻魔帳の書き込みが多過ぎて、閻魔大王にたちまち地獄送りの裁きを下されるかもしれません（笑）。

ただし、「お迎え現象」は、つねに当人が眠っている時に限って起きるわけではなく、目が覚めた状態でも、他の人には見えない人物や風景について語ることがあります。しかも、大半の人がすでに亡くなった家族や知人を見るようです。

『死生学研究』（東京大学大学院人文社会系研究科刊行）の報告によれば、宮城県の医師たちが四年にわたって、末期ガン患者の自宅での看取りを対象に調査したところ、この「お迎え現象」は、終末期を迎えた人の四割程度の人が体験することが判明しています。

ＮＨＫ番組「クローズアップ現代」でも、「天国からの〝お迎え〟――穏やかな看取りとは」（二〇一二年）という特集が組まれ、やはり在宅緩和ケアを受けた患者の約四割が「お迎え現象」を体験し、その九割が穏やかな死を迎えたと報告されています。「お迎え現象」の観点からも、やはり病院ではなく、安堵感のある自宅で亡くなるのが、人間にとってベターな選択のようです。

それにしても、夢うつつの中で過去の清算ができ、穏やかな死を迎えることができるなら、それは当人にとって極めて貴重な時間と言わざるを得ません。ですから、死期の迫った人が不思議なことや辻褄の合わないことを口にしても、家族や医師はアタマから疑ったり、否定したりせず、真摯に耳を傾ける態度を保つことが大切ではないでしょうか。

「ホスピスの母」と呼ばれたイギリス人医師シシリー・ソンダースは、ホスピスケアの原点は「何かをしてあげることではなく、ただそばに寄り添うこと」（Not doing, but being.）と言ったそうですが、寄り添うということは素直に耳を傾けることかもしれません。

●家族との「仲良し時間」

しばしば「お迎え現象」と並行して起きるのが、家族との「仲良し時間」です。これは、多くの看取りを経験されているカトリック・シスターの鈴木秀子氏の造語ですが、死期の迫った人が家族や友人と過ごす穏やかな時間のことです。

こういうことは死の一週間前頃からよく起きるそうですが、衰弱していた人が眠りから覚めると、家族に優しく語りかけたり、手を握ったりして、最大限に「愛と感謝」を表現しようとするそうです。時には、食欲がなかったはずだのに好物を食べたいと言いだし、家族と一緒に楽しげに食べたりもします。そして、時を経ずして亡くなっていきます。

「仲良し時間」に入った人は、今まで感謝のひと言も言わなかった配偶者に向かって素直に「ありがとう」と言ったり、自分が長年、大切にしてきたモノを家族や友人にプレゼントしたいと言ったりします。さらには仲違いしていた人にも、心からお詫びの言葉を口にしたりもします。これは、一種の悟りの境地と言っていいくらいです。

誰だって自分の未熟さや不注意から、とんでもない失敗をしたりしているものです。過去のあやまちを懺悔したり、自分がひどく責めていた人を許したりと、死ぬ前にやっておくべきことは、山ほどあるはずです。

残された時間が少ないことを実感すれば、さすがに頑固な人間でも、自分も他者も許し、すべてに感謝できるようになるのかもしれません。「お迎え現象」や「仲良し時間」を体験する人には、穏やかな死を迎える人が多いというのも、そのへんに理由があるのではないでしょうか。

鈴木氏によれば、年老いた母親が病床で、訪ねてきた息子に「一緒にベッドに入って寝ないか」と誘うことがあったそうですが、子供が幼い時に添い寝をしたことを思い出しての言葉だったのでしょう。こういう時は、無条件に母親の意向に寄り添ってこその「仲良し時間」です。

すでにそういうほのぼのとした場面に立ち会われた方も、読者の中におられると思いますが、人生の終焉において、かけがえのない「仲良し時間」を持てることは、人間として大きな幸せです。

幸か不幸か医療が進化した現代では、死の予兆があると、時には病院の集中治療室で、さまざまな延命措置を施されたりします。そうなれば、家族と共有すべき貴重な「仲良し時間」が奪われてしまいかねません。最近はターミナルケアという考え方が少しずつ普及し、ホスピスや自宅での看取りを選択する人たちもふえてきましたが、元気なうちから家族と死の迎え方を語らっておくことも、自宅での老衰死が当たり前ではなくなった現代社会では重要なことかもしれません。

●死は最高の幸せ

高齢化が進むにつれて、死ぬまで元気に暮らすピンピンコロリ（ＰＰＫ）運動が注目を浴びていますが、それを実現するためには、それなりの自助努力が必要です。まったく運動もしない、暴飲暴食もやめようとしない怠け者には、恐らくピンピンコロリという幸運は訪れないでしょう。

私は台湾を訪れると毎朝、公園などで繰り広げられているラジオ体操や太極拳に飛び入り参加させてもらいますが、八十代や九十代の高齢者が矍鑠《かくしゃく》としておられるのに驚かされます。ハワイのハナウマ湾でも三十五年間、毎朝水泳を続けているという八十八歳の女性に出会ったことがあります。しかも、海岸までの急坂を自分の足で上り下りしておられるわけですから、これには恐れ入りました。

そういう人たちのことを思えば、「自分は年だから」と言うのは、一種の言いわけではないでしょうか。「継続は力なり」と言うように、潔い人生の終わり方を実現するためには、それなりの努力が必要ではないでしょうか。個人的事情だけではなく、国家の医療費削減のためにも、なるべくピンピンコロリとこの世を去りたいものです。

さらに贅沢な望みを言えば、せめて最後の一週間ぐらいは床につき、夢うつつの中で「お迎え現象」を体験したいものです。そして、家族や友人に「愛と感謝」を振り向けながら「仲良し時間」を共有し、穏やかに息を引き取ることができたなら、それこそ現代社会における最高の贅沢かもしれません。

ところが、現実は厳しいものです。我々の多くはピンピンコロリどころか、ダラダラネチネチと生き延びて、少しずつ認知症になっていく場合も少なくありません。認知症とその前段階である軽度認知障害（ＭＣＩ）を合わせると、私自身も含まれる六十五歳以上の高齢者のうち、三人に一人がぼけてくるとされています。考えてみれば、これは恐ろしいことです。

家の内外を徘徊したり、糞便を垂れ流したり、あるいは人がモノを盗んだと言い張ったりする認知症は、ほんとうに手を焼くものです。元気なうちは、そんなたいへんな迷惑は家族や周囲の人たちにかけまいと思っていても、そうならない保証はどこにもありません。

少なくとも筋力が低下すると、それに相応して認知能力が落ちることが判明しているので、せめて毎日、自分の足でしっかりと歩き、軽い有酸素運動を継続することぐらいの努力はしたいものです。

しかし、認知症の発症が必ずしも不幸なものだとは限りません。元気なうちは、とても我が強く、人にも厳しかった人が、少しぼけたおかげで、驚くほど人間が丸くなり、他者への感謝を口にするようなことがよくあります。そういう認知症の老人が、周囲から可愛がられ、愛されている場面にも、しばしば出くわします。

ですからピンピンコロリといかなくても、短期間、軽い認知症になった後、しばらく寝込み、「お迎え現象」や「仲良し時間」なども体験しながら、穏やかに死ぬことができたら、それも人間として最高の幸せではないでしょうか。

どのような死に方をするのか。それは運命が定めることではあるとしても、やはりその人のそれまでの人生の歩み方がもたらす必然性があります。死という厳粛な場面に、人生の総決算の結果が出ると言っても過言ではありません。

とすれば、美が漂うような死もあるはずです。死は今生において、誰でもたった一度だけ創造できるひとつの芸術作品です。その完成をめざして、今日という日を無駄にしない生き様が求められています。

●平安貴族も体験していた「お迎え現象」

じつは「お迎え現象」には、我々が考えている以上に長い歴史があります。古いお寺に行くと、阿弥陀如来がたくさんの菩薩衆を引き連れて、天上から降りてくる絵が飾られていたりします。いわゆる「弥陀来迎図《みだらいごうず》」というものですが、まさに中世における理想の「お迎え現象」を描いたものです。

平安時代の貴族たちは、死期が近づくとお寺の涅槃堂《ねはんどう》や無常院《むじょういん》といった特別な施設に入り、枕元に置かれた金色の阿弥陀像の小指と自分の指を五色の紐で結んでもらいました。そして、お香を焚いたり、雅楽を奏上したり、大勢の僧侶たちに読経してもらったりして、「お迎え現象」を人為的に促進しようとしたのです。

そしていよいよ本人が息を引き取る時、僧侶が耳元で「何を見ていますか」と尋ね、「阿弥陀様が見える」とか、「体が焼かれるように熱い」とか、その時の回答内容を過去帳に記録し、それがよい死だったか、悪い死だったかを判断したのです。

こういう臨終作法を確立したのは、『往生要集《おうじょうようしゅう》』を著した恵《え》心僧都《しんそうず》源信《げんしん》ですが、本人も亡くなる時、弟子たちに「自分の顔に悪相が出ていないか」と確かめています。臨終正念《りんじゅうしょうねん》といって、死の瞬間に正しい想念を維持していることが、それほど重要とみなされていたのです。何しろ平安貴族たちに地獄の恐ろしさを説いたのも源信その人ですから、無惨な死に方をしたくなかったのでしょう。

平安貴族にとって、臨終正念は弓矢で遠くの的を射るほど難しいことと思われていたのかもしれません。ましてや、経済的にも臨終作法などとは縁遠い庶民となれば、阿弥陀如来の来迎を受けて、浄土に往生するというようなことは望みようもなかったのです。

ところが、臨終正念など、どうでもよろしい。臨終作法も無用、ふだんから念仏さえ唱えていたら、路上で死のうがトイレで死のうが、あるいは刀で切られて死のうが、洪水や火事で死のうが、極楽往生まちがいなし、と言いきったのが、法然上人です。法然は源信を学問的に尊敬していましたが、彼の死に関する考え方はまったく異なりました。

死への恐怖が一種の社会不安になっていた時代に、阿弥陀仏の救済から漏れ落ちる者はいないとする「摂取不捨《せっしゅふしゃ》」という考え方は、前代未聞の革命的なものとして受け入れられ、法然が実践していた専修念仏《せんじゅねんぶつ》は貴賤《きせん》を問わず、中世社会全体に広がったのです。

源信とは対照的に法然は、臨終の際、当時の慣習にのっとり、阿弥陀像を枕元に置こうとした弟子たちに向かって、「そんなものは要らない。このホトケが見えないのか」と指で宙を指したというエピソードが伝わっています。みごとに、「お迎え現象」を体験していたのです。

先述したように、現代でも「お迎え現象」は夢の中だけではなく、覚醒《かくせい》時にも起きます。「そこに阿弥陀様がお迎えに来ておられる」と言う人は稀でしょうが、「そこに、両親が立っている」と言うことは、よくあります。もし、死期の迫った人がそのように不思議なことを口にしても、周囲の者は「まさか、そんなことはあり得ない」などと、不用意に否定しない心がけが必要です。むしろ相手の話をしみじみと聞いてあげるべきでしょう。

臨終という厳粛な時間を迎えるために、ご本人はいよいよ準備段階に入っているわけですから、それを見守る家族や友人は常識的判断を下さず、最後の生の歩みに優しく寄り添ってあげることが大切ではないでしょうか。

●死んだようで死んでいない時間

多くの人を看取り続けてきた熟練の医師によると、人は臨終の三十分前とか一時間前には、とても穏やかな表情になるといいます。いわゆる断末魔の苦しみで、最後の瞬間までのたうち回るほど苦しむ人は稀有なケースのようです。

まだ確たる研究データがあるわけではありませんが、人は死ぬ瞬間にオキシトシン、ドーパミン、セロトニン、βエンドルフィンなどの脳内物質が大量放出されている可能性が高いとされています。それらには脳内麻薬作用や鎮痛作用があったりしますから、肉体の苦痛を和らげ、多幸感や心地よい幻覚をもたらしていることは想像に難くありません。

人が亡くなった直後に枕経《まくらぎょう》を上げにいくことを職業とするベテランの僧侶に聞いても、死因のいかんを問わず、苦しげな死に顔を見ることは少ないようです。死の瞬間に、誰にも何らかの生理的変化が起きるのかもしれません。

しかも枕経を上げた時よりも、数時間あるいは一日を経た通夜の時のほうが、たいていの場合、死人の顔はさらに穏やかになっていると言います。これは、人間は完全に死亡した後も、脳波や脳内物質の作用とは関係のないところで、その魂が変化し続けている可能性があることを示唆しています。

やはり人間は信仰心の有無などとは無関係に、誰でも死の直前と直後に「お迎え現象」を体験するのかもしれません。最先端の認知心理学でも、さすがに死人の意識状態を探る手段がありませんので、実証的な真偽判定ができませんが、心情的にはそうあってほしいものです。

さらに驚くべきは、アーノルド・ミンデルというユング派の心理療法家が『昏睡状態の人と対話する』（ＮＨＫブックス）という本に書いていることですが、昏睡状態になっても、人はどうやらはっきりとした意識を持っているようです。マサチューセッツ工科大学で物理学を学んだ背景もある彼は、昏睡状態の人や植物状態の人との意思疎通を可能にする「コーマ・ワーク」というものを開発しています。それを使うと、まったく体が動かない人でも、まぶたや口もとのかすかな震えなどを観察することで意思確認ができるようになるそうです。

ミンデルは、昏睡状態というのはまさにその人の人生最大の「魂の完成のチャンス」なのだと考えています。ですから、彼は本人が明らかに意思表示した場合を除いて、脳死判定による臓器移植には反対しています。死んだように見えても、魂は活発に活動している可能性があるからです。

ミンデルはふたつの興味深い事例を報告しています。最初は、ジョンという男性のケースですが、ミンデルがジョンの昏睡状態のうめき声とペースを合わせていると、うめき声がだんだん言葉になってきて、彼がバハマへ旅立つ船に乗ろうかどうしようか迷っている夢を見ていることがわかったそうです。しかも、当人はその船を天使が操縦していると答えます。自分は、これまでずっと働きづめでバケーションを取ったことなんてないと言うので、ミンデルが思いきって旅に出てみたらどうかと勧めてみると、ジョンは夢の中でバハマにバケーションに行くことを決めます。その後、彼は静かになり、三十分後に亡くなります。

これも、明らかに一種の「お迎え現象」です。別のピーターという教養ある男性は、何度もセッションを重ねるうちに、自分の精神を解き放って、もっと自由になり、素直に愛を表現することを決意します。そのとたん、昏睡状態から突然目覚めてミンデルたちと大きな声で歌ったり、家族や友人たちと愛の言葉を交わしたり、抱擁を交わしたりしたあと、至福のうちに亡くなったと報告されています。

それにしましても、昏睡状態でも人間には心理的成長をとげる最終段階が用意されているというのは、ありがたいことです。肉体的には簡単に死んでしまう儚さを背負う人間が、魂レベルでは最後の最後までしぶとく生きようとすることに、一種の感動を覚えます。

●寝たきりにならないために

日本は世界に冠たる長寿国ですが、それと同時に「寝たきり大国」という情けない称号も持っています。二〇一五年のデータでは、日本人の平均寿命と健康寿命（元気ですごせる期間）のあいだには、男性で約九年、女性で約十三年の差があります。ということは、その間、なんらかの身体的不調を起こし、次第に寝たきりになる老人が多いことを示しています。

寝たきりになってしまう最大の理由は、高齢者に対して胃ろうや点滴などの過剰な栄養補給をするのがよいことだと考えているからだと私は思います。欧米、とくにスウェーデンでは、ほとんど寝たきり老人が存在しないのは、人工栄養で延命を図ることは非倫理的であるという考え方が徹底しているからです。

宗教的な観点からも、人工的措置によって死期が近づいている老人の延命を図るというのは、自然の摂理に反することであり、罪作りな行為のように思えます。死は運命であり、その運命を素直に受け止めることによって、人間は最後の成長をとげることができます。死におののき、死を見つめ、死を受け入れる。その心理プロセスは、この世に生きる人間に与えられる最後のレッスンです。その時に人為的な延命措置を使うことによって、死を熟視する時間が奪われるとすれば、もったいない話です。

まだ若い人が病気や事故など不慮の事態で重篤な状態になった場合、あらゆる方法で回復の可能性を探るというなら話は別ですが、すでに何十年も生き抜いてきた高齢者を、生命維持装置を使ってでも生かそうとするのは、本人にとっても周囲の人間にとっても不要な苦痛を招くだけです。

水分すら過剰に補給すると、心臓に負担をかけ、苦痛を伴う心不全を引き起こしてしまいますので、控えめにするべきです。無理な延命をせずに、徐々に栄養補給を減らしていき、老木が枯れるように自然な死を迎えられることこそ、高齢者の尊厳を保つ最善の方法だというコンセンサスが、医療の専門家と家族のあいだに共有されなくてはなりません。

それとは対照的に、日本の病院では必要以上に人口栄養や水分を補給してしまうので、寝たきり老人を大量に生んでしまうのです。そのほうが、病院の収入につながるからかもしれませんが、こんな理不尽な状況を我々はいつまで放置するのでしょうか。寝たきりになるのは、明日は我が身と思って、元気なうちから家族に自分が寝込んだら、どうしてほしいのか、はっきりと伝えておくべきだと思います。できれば、その意向を書面で明記しておけば、家族に不要な精神的かつ経済的負担をかけずにすみます。

●人は誰でも死期を知っている

ところで、臨死体験や「お迎え現象」のようなことが意識朦朧としてきた人間に起きたとしても、それは脳の酸素不足や投与されている薬の副作用にすぎない、ましてや「死者は死んでいない」という主張など、単なる思い込みにすぎないと思われる方もおられるでしょう。その一方で、唯物論的な立場から、科学的実証ができない現象を全否定する態度にも、頑迷な偏見があるように思います。

しかし、唯物論者《ゆいぶつ》も自分が生死の境目をさまようような体験を持った時、目に見えない世界があることに気づくかもしれません。先ほど紹介したように臨死体験者の報告には、闇・トンネル・お花畑・眩しい光・親しい者との再会など共通の要素があります。これは民族や宗教の違いを超えた世界共通の事象ですから、臨死体験者の報告には相当程度の信憑性があります。

なぜ事故や病気で瀕死状態になった時に、そのような神秘的な体験をするのかといえば、生命活動の低下によって、自我意識が停止し、深い無意識に落ちていくからです。あの世のことは、無意識に落ちないと理解できません。そこは、我々自身の中に広がる壮大な宇宙空間であり、この現実世界を仕切っている常識が、まったく通用しない世界です。強烈な自我意識を持っている人ほど、常識に囚われ、あの世のことに無関心だったり、否定的だったりするのは、そのためです。

「虫の知らせ」ということがありますが、それも無意識の世界で起きることです。野生動物が自分の死期を知っているように、人は本来、誰でも生きているうちから、自分の死期をおよそ直観しているはずです。それがわからなくなっているのは、我々が無意識から切り離された自我意識中心の生き方をしてしまっているからではないでしょうか。昔の僧侶は、しばしば自分の弟子たちに自分の死期を正確に予告していますが、そういうことができたのも、彼らの平生の宗教的生活が無意識と強いつながりを持っていたからです。

すっかり意識過剰になってしまった現代人でもなんとなく死期を無意識に悟っているためか、本人は無自覚のまま、久しく会っていない友人に電話をかけたり、いきなり訪ねたりするのです。

誰か親しい人が亡くなる前、なぜかその人のことを急に思い出して胸騒ぎがしたり、大切にしている草花が急に枯れてしまったりすることもあります。カラスが鳴くと不吉な知らせとかいった類のことは、まったくの俗信ですが、無意識が時空を超えて生者と死者をつないでいるために、人が亡くなる前に不思議なことが起きたりするのです。

●先祖供養は自分にしかできない

一般的に日本では、何か特定の神仏に対して明確な意識を持って信仰する人は少数派です。せっせとお寺や神社にお参りしても、手を合わせている対象がどんな神仏であるかを正確に理解しているわけでもありません。ところが、先祖供養となれば、また別です。盆や彼岸にお墓参りをしない人のほうが少ないかもしれません。菩提寺のお坊さんに来てもらって、仏壇にお経を上げてもらうことも怠りなくしたりします。日本人は宗教に疎いというのは事実ですが、こと先祖供養に関しては、とても熱心です。

でも、どこまで本気でご先祖の供養をしているかといえば、大いに疑問の余地があります。家のしきたりとして毎年繰り返しているだけであって、ほんとうに「亡くなった家族や、遠い昔のご先祖がそこにいる」と思っている人が、どれだけいるでしょうか。

孔子も「祭るには在《いま》すが如くし、神を祭るには神在すが如くす」（『論語』八佾《はちいつ》第三）と語っています。「怪力乱神《かいりよくらんしん》を語らず」（述而《じゅつじ》第七）というスタンスを守る儒教は、神秘現象に否定的な宗教ですが、それでもなおかつ「ご先祖や神様がそこにおられるように儀礼を営まなければいけない」としているのです。

最も本質的な供養とは、宗教的な儀礼ではなく、有縁の者が誠心誠意、死者のことを想うことです。その時、「生前は、とてもご迷惑をおかけしました。心からお詫びします」、「お世話になり、ありがとうございました」、「今も大好きです。愛しています」などの想いを確かに死者に伝えようとすることが大切です。この世の人間同士なら、いくら便利な世界になったとはいえ、携帯電話やメール、あるいはラインで連絡しないかぎり、相手とはつながりません。ところが、あの世の人にはこちらが想っただけでつながるので、便利だと言えば、じつに便利です。

「では、こちらの想いが死者に伝わっている証拠を出せ」と言われそうですが、残念ながら客観的な証拠は提示できません。それは、個々の人間が生活の中で実感していくより仕方ないものです。しかし、それが感じられるようになると、「見えざるもの」にどれだけの実力があるか、心から納得するはずです。この世の人間は自分の都合によって、態度を翻したり、約束を反故にしたりすることがありますが、あの世に移行した人たちは世間体などに気づかいする必要がないので、きちんとこちらの「愛と感謝」に応えてくれるのです。

ですから、供養は生きている者の気休めで行う儀式ではなく、あの世の意識とこの世の意識を結び合わせる大切なコミュニケーションです。一種のチャネリングと言っていいかもしれません。とくにこの世からあの世に送り込む意識が、供養の中身です。残された者が先に亡くなった者に「愛と感謝」というポジティブな想念を送ることによって、死者の霊はあの世でも霊的進化をとげ、より高き次元に向上していけるのです。

先ほど引用した『論語』八佾第三の文章は、「子曰わく、吾れ祭りに与《あず》からざれば、祭らざるが如し」という言葉に続きます。それは、「大事な儀式があったとしても、自分に何かの事情があって、それに参加できなければ、儀式がなかったのと同じことだ」という意味です。

これも、大切なメッセージを含んでいます。神仏への供養には、代理は利かないということです。神仏にせよ、亡くなった人にせよ、自分自身が誠実に真摯に向き合うことが大切なのです。お坊さんを招き、お経を上げてもらってから、食事を振る舞い、手厚くお布施を渡しただけでは、残念ながら供養は成立しません。

とくに亡くなった人をいちばんよく知っているのは、自分です。その人を知っているからこそ、時には生前、無礼を重ねたお詫びの気持ちを述べたくなるだろうし、また時には世話になったことへの感謝の気持ちを伝えたくなるのです。肉体を持った人間には、いろいろと世俗的な打算がありますが、肉体を失った死者が受け取るのは、形式的なご挨拶ではなく、この世の人間が抱く正直な気持ちだけです。

ご仏壇やお墓に、瑞々しい生花、清らかなお水、質のよいお線香やお灯明をお供えするのは、自分の気持ちの表れです。炊きたてのご飯や淹れたてのお茶をお供えしたくなるのも、故人を慕う自然な感情です。とくに生前その人が好んだものをお供えすれば、とても喜ばれるでしょう。

●「ありがとう」は世界最短のお経

いろいろとお供えした上で、自分の知っているお経でも上げれば、なお喜ばれます。お経には、何千年という哲学を培った古代インド人の深い知恵が記されています。その深遠な哲学は読んでいる当人が理解できなくても、あの世の人たちは理解できるかもしれません。大事なことは、ていねいに心を込めて読むことです。なぜなら、お経は書かれている意味だけではなく、音が命だからです。死者は、お経を読む人の音声に癒されるのです。

ところで、お経や祝詞《のりと》はかたわらで聞いていても、はっきりと意味がわかるものではありません。現代語で注釈を読めば、その内容をある程度、理解できますが、私は必ずしも論理的理解が必要だとは考えていません。ユダヤ教、キリスト教、イスラム教などの一神教を奉じる啓典の民なら、聖典の一言一句を正しく理解することは不可欠です。そのため、幼いうちから家庭や教会で聖典の勉強をさせられます。

しかし啓典の民ではない我々日本人にとっては、祈りの内容を論理的に理解することよりも、お経や祝詞の音を大切にすべきです。声こそがあの世とこの世の「かけ橋」になるからです。例えば、日本仏教には読経、声明《しょうみょう》、念仏、題目など、発声を伴う儀礼が幾種類もありますが、どれを唱えるにしても、声そのものがホトケになるほど、真剣でなくてはなりません。

京都の六波羅蜜寺《ろくはらみつじ》に空也上人立像（重要文化財）がありますが、彼の唱える「六字の名号《みょうごう》」（南無阿弥陀仏）が口から出る小さな阿弥陀仏として表現されています。私はあの姿を単なる空想とは思っていません。誰でも何かの祈りの言葉を真剣に唱えた場合、きっと同じような現象が生じていると思います。ですから、法事といえば、いつも僧侶にまかせきりにするのではなく、機会あるごとに自分で声を出して供養をするのが望ましいのです。

何を唱えればいいのかわからない人は、「ありがとう」という言葉をゆっくりとていねいに唱えればいいと思います。「ありがとう」は、最高の言霊を備えた日本語なので、それを朗々と唱えるだけで、立派な祝詞にもお経にもなるわけです。

なぜ「ありがとう」がいいのでしょうか。まずそれが感謝の念を伝える言葉だからです。生きている人間に感謝されればされるほど、死者の魂は癒されることになります。我々生きている人間同士でも人から感謝されれば、とてもうれしい気分になるのと同じです。

また「ありがとう」に含まれる母音をお腹からゆっくり発声すると、自然に倍音になります。この倍音には人間の耳には聞こえない超高周波音が含まれており、それがどうやら見えない世界の死者の霊に伝わるようです。ベテランの僧侶や神官がお経や祝詞を唱える時も、その声の中に倍音が含まれています。そういう声で祈りの言葉を唱えてこそ、神仏と人間の間に、双方向の交流である「感応道交《かんのうどうこう》」という関係が成立するのです。

●お葬式も創造的であるべき

亡くなった人の供養が、本質的には自分にしかできないとなれば、現在のお葬式の在り方にも、もう少し工夫があってもよいように思います。最近は、葬式不要論が次第に強くなっているようですが、人数の多寡にかかわらず、故人をよく知る人たちが集い、その人を心から偲ぶような葬式なら、大いにやるべきでしょう。もし故人がそこに居合わせれば、「いやあ、楽しいお葬式をやってくれて、ありがとう。私もうれしいよ」と礼を言ってくれるようなお葬式があってもいいのではないでしょうか。

結婚式も、最近は若いカップルが経費節約を兼ねて、いろいろとオリジナルなものを考え出しています。それと同様に、葬式も葬儀社にまかせきりにするのではなく、故人の生き様を彷彿とさせるような内容のものが理想です。ただ、結婚式と異なるのは、臨終から葬儀まであまり時間がないことです。ですから葬儀は身内だけで、なるべくこぢんまりとすませ、あとで時間をかけて個性的な告別式なりお別れの会を開くというのもいいのではないでしょうか。結婚式の披露宴だけを数週間後、あるいは数か月後にやるようなものです。

私も忘れ難い葬儀を営んだことがあります。それは私がよく足を運ぶ石垣島で親しくしていたTさんの海洋散骨でした。Tさんはバブル経済時代に、大阪の北新地で高級ナイトクラブを四店も経営し、高騰する不動産でも大いに儲け、おまけに天才的な勘で、競馬でも巨万の富をなした人物です。世俗的享楽をことごとく味わい尽くした上で、四十半ばで引退し、単身石垣島に移り、ひとりの港湾労務者として過ごしました。

そのあっぱれな生き様に私もいたく感動し、ずいぶん親しくなったのですが、出会って半年後に突然病死してしまいました。身寄りもないので、やむなく私がその遺骨を引き取ることになったのです。まったく予期しないことでしたが、私は彼が元気なうちから「俺が死んだら、釣り仲間たちに沖に散骨してくれと頼んであるんだ」となんだか自慢げに言っていたのを覚えていました。なんとかその仲間たちを探し出そうとしたのですが、彼の遺体を火葬した市役所や警察の担当者も個人情報は一切公開できないということで、諦めざるを得ませんでした。

それでも彼の願いを叶えてやりたいとの一心で、彼が以前、働いていた海運会社のM会長に思いきって電話を入れてみました。それまでの経緯を説明したところ、彼の急逝を驚かれたものの、海洋散骨の段取りを快く引き受けてくださったのです。

翌日、約束の時間に埠頭に行ってみると、彼が働いていた巨大なクレーン船の前に真っ白な布が掛けられたテーブルが用意され、白菊の花束が置かれていました。それを見たとたん、まったく面識もない私の申し入れを聞いてくださったM会長のご厚意が感じられて、思わず胸が熱くなりました。

雨天という天気予報を見事に裏切った快晴の下、骨壺の前で私は読経しましたが、元同僚たちも次々とTさんの思い出話を語ってくれると、それがごく自然な弔辞になり、簡素ながらも心の籠った葬儀を営むことができました。

ところが読経後、「沖で散骨したいと伝えてあるのに、漁船がない。大丈夫かなあ」と思っていると、まるで映画でも見ているかのように、遠くから眩しいほどのブルーカラーで塗り込められたタグボートが白波を立てて近づいてきて、埠頭に接岸しました。想像したよりも遥かに大きな船に驚きながらも、すぐに骨壺を抱えて飛び乗りました。船はみるみる港の外に出て、沖縄らしい真っ青な海面が広がるところで止まりました。

いよいよ散骨です。私が読経する間、M会長はじめ、同僚たちが壺から遺骨を拾い上げ、白菊の花びらと共に、海に撒きました。白い骨の片々が舞うように、静かにゆっくりと青々とした海に沈んでいきます。そこにあったのは、筆舌に尽くせない美の光景でした。波の上で、Tさんが「ほらみろ、俺の思い通りになったぜ」と言って、笑っているような気がしました。

晩年を大阪河内の庵で過ごした歌人の西行は、「願はくは花の下にて春死なん　そのきさらぎの望月のころ」と詠み、実際にそのような死に方をしたので、鎌倉の世に評判を呼びました。Tさんも結果的に自分の願った通りの散り方をしたので、私は「あっぱれな人生の終え方をした」と思っています。

散骨を終えた後、港へ戻る航海の途、彼の上司でもあったクレーン船の船長が、「俺もこんな葬式をしてほしいな」と呟いたのが印象的です。同じ思いをそこに居合わせた誰もが共有していたはずです。その演出をしたのは、他ならぬ亡くなったTさん自身です。波瀾万丈の人生を生き抜いた人間の最期としては、理想的な演出でした。あとで考えてみると、私は最初から最後まで「見えざるもの」の力に動かされていたのです。

ちなみに、私にも自分が亡くなった時、どういう葬儀をしてほしいか希望があります。それは富士山が見える野原で、家族や友人があちこちから集い、私の亡骸を野焼きしてくれることです。インドでは今もあちこちで毎日行われていることですが、薪を集めてきて井桁に組み、その上に白布で包んだ遺体を載せ、竹竿でつつきながら、まんべんなく焼くのです。私はそういう現場に何度か出くわしていますが、遺体というのは焼ける途中に突然、手や足を上げたりすることがあるので、そんな時は見ているほうがギクリとさせられてしまいます。

さて私の野焼き葬儀では、親しい人たちが私の亡骸を竹竿でつつきながら、「コイツには、さんざん迷惑をかけられたな」などと語らい、同じ火で芋や餅を焼いて食べるのです。ビールやお酒は、私の大盤振舞いです。それぐらいの遺産は、残しておくつもりです。

そのように親しい仲間たちが、ワイワイと笑いに包まれた野辺送りをしてくれれば、罪多き人生を送った私でも、きっと天国に直行できると思います。現代日本では法的に許されないことかもしれませんが、わが人生最後のわがままが許されるなら、ぜひ実現してもらいたいものです。

第2章

昔の人は知っていた「死者の力」

●生と死は数珠つなぎになっている

息絶えた後、火葬場で焼かれれば、肉体が無くなるのは、自明の理《ことわり》です。その物理的事実に議論の余地はありません。しかし、それでも「私」という存在が消えるようには、どうしても思えないのです。私の個人的体験からも、「肉体は消えても、魂は残る」と言いたいところですが、残念ながら現代の科学的手法では証明できません。それでも、私は自分の考えを取り下げるつもりはありません。

例えばアインシュタインが重力波の存在を予言してから、その存在が実際に観測されるまで百年という時間が必要でした。それと同じように死後の魂の存在も、遠い未来に証明される時が来るのかもしれません。しかし、現今の科学的方法で実証できないとしても「死んだら終わり」と考えるのは、近代人だけのきわめて限定された特徴であることを知っていてほしいのです。

我々には生と死、肉体と精神、あの世とこの世というふうに、なんでも分断して考える二元論的思考の癖がついているのですが、近代以降の知識体系に組み込まれる以前の昔の人は、物事はふたつに分断されることなく、完全につながっていると考えていました。

恐らく自然界の生々流転を目の当たりにし、そのバイオリズムと共に暮らしていた人々にとって、「生と死」、「肉体と精神」、「あの世とこの世」が分断されているという感覚は持ち得なかったのではないでしょうか。自然の息遣いとは切り離された人工的環境そのものである都会生活を送るうちに、我々は本来の身体感覚を喪失してしまったのです。

ところで、近親者が亡くなると「喪に服す」という習慣がありますが、これも単に身を慎むという意味ではなく、「死者の力」をわが身に受けるという積極的な意味がありました。折口信夫《おりくちしのぶ》が『上代葬儀の精神』の中で、次のように書いています。

「もにこもる」というと、（中略）物の中に入って外に出られないということなのです。何のためにそうするかというと、我々には謹慎しているのだとしか思えませんが、（中略）穢れているから謹慎しているのではなく、身体が空っぽになっている為に、身体の中に物が入るのを待っているのです。

（『折口信夫全集』二十巻、中公文庫）

近親者の身体が空っぽになって死者の魂が入ってくると、任務完了ということで、喪は終わります。本人がその瞬間をどう感じ取るのかは不明ですが、現代のように何日間とか何か月という一定の服喪期間があったわけではないのです。そういう考え方に沿うなら、服喪の期間は一日でも百日でもいいことになります。

それにしても、死者が自分の生命エネルギーを生者にバトンタッチするという考え方は、人類に普遍的なものです。世界各地に「死者の祭り」が継承されているのも、同じ原理に基づいています。

例えば、メキシコの「死者の日」はハロウィーンの翌日に営まれますが、町中の人が骸骨の仮装をします。骸骨は不吉なものではなく、生きている者を守護してくれる歓迎すべきご先祖なのです。「死者の祭り」では、そのご先祖の帰還を国をあげて盛大に祝うわけです。日本のお盆に似た発想ですが、誰にでも訪れる「死」になるべく陽気に向き合おうとするところに、メキシコ人らしさがあります。

「死者の力」を自分たちの日常空間に引き寄せて、それを生活の原動力にするための手段は古今東西、多くの人間が考案し、それがさまざまな祭りや儀礼として今日まで伝わっていることを我々は再認識すべきでしょう。

●母の胎内に還っていく生命

日本文化の基層を作った縄文人は、死者を必ず集落の近い場所に浅く埋めました。死んだら山や海の向こうにある常世《とこよ》に行くけれども、すぐ帰ってくると信じていたからです。幼い子が夭折《ようせつ》した時は、その子の遺体を竪穴式住居の出入り口に埋めました。その子の魂が再び母の股に潜りこんで、すぐに生まれ変わることを願ったからです。また縄文人に限らず、一般に古代社会では乳幼児の遺体を甕棺《かめかん》に納めたのは、甕を母親の胎内に見立て、そこに戻すことによって、その速やかな再生を願う意味があったのだと思います。どちらも、とても素朴な考え方ですが、どこか説得力があります。

拙著『縄文からアイヌへ』（せりか書房）でも論じたことですが、縄文人の精神文化を間接的に継承していると思われるアイヌの人々も、死者はあの世に行って、この世と同じように暮らすと考えています。だから、死者が生前使っていた道具などは、ぜんぶ燃やして、あの世に届けようとします。場合によっては、家そのものも燃やしたりします。形あるものの形を壊して、形なき世界に送り込むというのは、面白い考え方です。

また、三年もかけて人間の子よりも大切に育てた子熊を有名なイオマンテ（熊送りの祭）で殺してしまうのですが、それは熊の魂を肉体から解放し、神の国（カムイモシリ）に送り返すためです。そこにも形あるものの形を壊して、形なき世界に送り込むという考え方があります。その際、子熊の霊に特別なごちそうをたくさん供えて、手厚く供養するのは、子熊があの世からこの世へ多くの熊仲間を連れ戻ってくれることを期待しているからです。

面白いことに、アイヌの人たちと同じ思考法を持っていたのが台湾の先住民です。日本が統治する以前の台湾では、先住民の大半に首狩りの風習があったわけですが、それは単に野蛮だから首を狩ったわけではありません。

男子の通過儀礼として、他部族の成人男性の首を少なくともひとつ手に入れて来なければ、一人前の男性とみなされず、入れ墨を入れることも、結婚することもできなかったのです。斬り取られた首級には、その人の魂が宿るとされ、手厚くもてなし、部族全員で何日も歌や踊りで歓待したといいます。そして死者の口に、ごちそうをくわえさせ、そのお下がりを成人となる男子が食しました。

その時の祈りの言葉は、「汝はここに安住せよ。汝に酒を与える。汝の父母、妻子、兄弟、姉妹にここの部族は甚だよいと語れ。多勢呼んでここに住め」というものですが、まるでアイヌの人たちが、イオマンテで祭壇に祀られる熊の頭部に語りかける言葉とそっくりです。

私も一度、北海道の白老《しらおい》でイオマンテに参加させてもらったことがありますが、あの世に送った熊の頭蓋骨からかき出した脳漿に行者ニンニクを混ぜたものを、コタン（集落）の全員で食べたことを覚えています。決して美味しいとは思えなかったのですが、あれはカムイ（神）の徳を頂く最も直截的な方法だったのだと、今さらながらに思い出されます。

●骨噛みという慣習

じつは「死者の力」を手に入れるためのダイナミックな方法が、日本全国に残っていました。「骨噛《か》み」という慣習がそれです。長寿をまっとうした人や高徳の人、あるいは家族の一員を火葬した際、その骨を噛んだり、食べたりするこの風習は、比較的最近まで各地で行われていました。

沖縄では家督を継ぐ長男は、亡くなった父親の心臓部に近い部分を食べ、それ以外の人間は、その周辺部位を食べたと伝えられています。その風習が廃れて、今はお通夜の時に遺骨のかわりに、骨つき豚肉の煮込みを食べることになっているそうです。この「骨噛み」の風習は野蛮でもなんでもなく、亡くなった人を想う家族愛に他なりません。

年配の方は、一九六〇年代に城卓矢が「骨まで愛して」という歌を歌ってヒットしたことを覚えておられるかと思いますが、その愚かにも聞こえる表現が多くの人の心を捉えたというのは、どこか本能的に共感するものがあったのでしょう。

その一方で面白いことに、我々は肉親者同士が争うことを「骨肉相食《あいは》む」と表現します。どうやら人間の究極的感情は、愛にせよ、憎しみにせよ、骨にまで到達してしまうようです。日本語には他にも、「骨身に応える」、「骨身に沁みる」、「骨身を惜しまず」、「骨身を削る」などの表現がありますが、それほど日本人は骨に対する思い入れを持っているのでしょう。今も外地で亡くなった戦没者の遺骨収集に熱心なのも、同じ心理が働いているかもしれません。

ヤクザの世界にも、組長が亡くなると組員たちがその遺骨をしゃぶる「ほねぶり」という慣習が残っています。組長の力を引き継ぎ、組の結束を固めるためですが、俳優としてはかなり際どい世界に生きていた勝新太郎氏が、火葬場で父親の骨を食べたというのも、そのへんから来ているのかもしれません。野卑と言えば野卑ですが、今のように葬儀会社の商業ベースに乗せられた無機質な葬式を営むよりも、どこか人間的で共感を覚えるものがあります。

ニューギニアの先住民も、他部族と戦って死んだ者の遺体の一部を食べていたと伝わっています。それには死者の勇気と力を受け継ぎ、次なる戦闘に備えるという意味があったのです。恐らくそれに似たことは、近代以前では世界のどこででも行われていたのだと思います。ひょっとしたら、近代人の衛生感覚や倫理観のほうが、よほど歪んでいるのかもしれません。

●ケルト人の死生観

死者から力を得るなど、そんな野蛮で幼稚な思考は非近代的であると決めつける人もいるかもしれませんが、生と死が数珠《じゅず》つなぎになっていると考えるのは、アジアの先住民に限りません。かつてヨーロッパ全域に住んでいたケルト人も、死者を大切にしました。あの世は、この世の上でも下でもなく、どこにでもある森や山の向こうに存在すると考えていました。死んでも、ちょっとそこまで出かけていって、まもなく帰ってくるだけのことだというわけです。そんなふうに、あの世とこの世がつながっていたケルト的世界では、人から借りたものを来世で返すという証文が通用したといいますから、なんだかとても大らかなものを感じます。

魂の再生と不滅を信じていたケルト人は、自分たちの死生観を渦巻き文様、組み紐文様、螺旋文様などで表現しました。それらの文様は石に刻まれたり、聖書の手写本である『ケルズの書』などに数多く描かれたりしているのですが、動植物の動きを抽象化し、それらを組み合わせて表現されているところを見ると、人間と動植物の生命も区別するところがなかったと思われます。

人間だけが「万物の霊長」と思い込み、その個体生命が誕生から死亡まで一直線に移行していき、虚無の世界に消えると考えるのは、近代人だけです。古代の人たちよりも、我々の死生観のほうが、あまりに平板すぎて寂しいような気がします。

古代ギリシア人は生物学的個体生命をビオス、生死が循環する永遠の生命をゾーエーと呼んでいましたが、実証主義を第一とする我々近代人は顕微鏡を覗き込んで、生物学的活動が確認できるビオスのみを生命だと思い込むようになってしまったのです。英語のバイオテクノロジー（生物工学）とか、バイオグラフィー（自伝）とか、全部ビオスを語源としていますが、つまり西洋近代では、生物学的個体生命しか「生きている存在」と認めなくなっているわけです。このいびつな生命観を正す責任が、縄文人のＤＮＡを濃厚に引き継いでいる我々日本人に課せられているような気がしてなりません。

●なぜ古代の人々は巨大墳墓を作ったのか

そもそも古代エジプト人は、あんな巨大ピラミッドをなぜ何十年もかけて、せっせと作ったのでしょうか。それはひとえに「死者の力」を信じていたからです。ピラミッドは、王が生きているうちに権力誇示のために作らせたと言われていますが、そんなことなら豪華な宮殿を造営するだけで、目的を果たせます。死んでいく王も残された後継者も、国を治める上で「死者の力」が不可欠だと考えていたからこそ、あそこまで精魂こめてピラミッドを構築したものと思われます。

いわゆるピラミッドパワーが生まれるような構造をしているのも、「死者の力」がそれによって増幅されることを人々は期待していたのです。一説によれば、ピラミッドを実際に建設したのは、無理やり働かせられた奴隷たちではなく、それを作ることを誇りに思っていた地元の民衆たちだとされていますが、もしそうなら彼らを動かしたのは、「死者の力」への畏敬の念です。

ピラミッドだけではありません。カイロの国立博物館には、これでもかこれでもかというほど、大量のミイラが展示されていますが、古代エジプト人がミイラ作りに励んだのも、「死者の力」が永遠に持続すると信じていたからです。

現代エジプト人も死者にはよほど思い入れがあるらしく、カイロ市内には「死者の町」と呼ばれる広大な墓地が広がっています。土地効率から言えば、ずいぶん無駄な土地の使い方ですが、エジプト人はそうは考えないのです。死者は手厚く葬るべきであり、死後も世話を焼くべき存在なのです。ですから、墓地は一般住宅のように大きく、貧しい人たちが勝手に住み込んでも、彼らを死者の管理人とみなし、大目に見るのです。

私も東京大学の死生学研究プロジェクトチームの一員として、「死者の町」を訪れたことがあるのですが、墓石の上にカラスでもなんでも鳥が止まると、「死者の霊が戻ってきた」と言って喜ぶエジプト人の姿がとても印象的でした。

大きな墓を好むのは、エジプト人だけではありません。共産党体制以前の中国人も亀甲墓《かめこうばか》といって、やたらと大きい墓を作りました。その名残は、台湾や沖縄に残っています。亀甲墓は女性の子宮の形に似ていますから、甕棺《かめかん》と同様に、死者を母の胎内にいったん戻して、その速やかな再生を祈るという意味があります。やはり生と死が数珠つなぎになっているのです。

中国と言えば、北京の天安門広場には立派な毛主席記念堂があり、そこには毛沢東の遺体が永久保存され、国民の礼拝の対象になっています。建物のスケールや警備の厳しさから、建国の父が持つ「死者の力」によって、政府が共産党体制を維持しようとしているようにも感じられます。

モスクワにはレーニン廟、ホーチミン市にはホーチミン廟があり、毛主席記念堂と同様に、一種の聖地になっています。どこも軍服で正装した衛兵が監視しており、短パンを穿いた男性やタンクトップを着た女性がいると、入場を拒否します。死者に対する敬意が足りないというわけですが、中国、ロシア、ベトナムは、すべて共産党体制であり、原則的には唯物主義なのに、遺体への強いこだわりがあるのが、どこか滑稽でもあり、また不思議です。例えば、キリスト教国アメリカで絶大な人気があるリンカーン大統領でさえ、彼の記念館には巨大な座像が置かれているだけで、その遺体を永久保存し、公開するというような発想はありません。

日本も古墳時代が長く続き、巨大墳墓が河内平野を中心に、大量に存在します。古墳には埴輪《はにわ》などの副葬品が必需品となっていますが、亡くなった権力者があの世に行っても、統治力を発揮してくれることを期待していたわけです。

古墳を発掘調査する考古学者が変死することが時々ありますが、あれは千年以上の時間がたっていても、死者の想念がエネルギーとして、その場に残っている可能性を示しています。古墳に足を踏み入れる際には、十分に死者に対する畏敬の念を抱いていることが大切です。

中世においても、大名たちは大きな五輪塔を墓としました。巨大な墓石の前で、ウインチやクレーンのない時代に、あれだけ大きな石をどう積み上げたのだろうと不思議に思うことがよくあります。しかも地震国日本で何百年も崩れ落ちることなく、立ち続けていることにも驚かされます。あれも家臣に大名家の権威を見せつける意図もあったはずですが、それ以上に、冥界から現役大名の治世を応援してほしいという願いが込められていたに違いありません。

●樹木には浄化力がある

堂々たる大名の墓が林立する高野山の奥之院《おくのいん》は、「死者の力」を体感するには、とてもいい場所です。真言宗には、弘法大師空海は亡くなったのではなく、今も入定《にゅうじょう》されているという信仰があります。つまり、永遠に生きて瞑想《めいそう》に耽《ふけ》っておられるというわけです。

奥之院にあれほど多くの人々が墓を作ることを望んだのは、亡くなっても亡くなってはおられない弘法大師と同じように、肉体が消えても生き続けたいという願いが高野山信仰に継承されているからです。

徳の高い人のお墓の近くに自分の墓を作れば、その遺徳にあやかることができるという信仰から、いわゆる「あやかり墓」の形態が発生します。高野山奥之院は、その典型ですが、ヒンドゥー教やイスラム教の聖者廟にも同じような現象が生じています。

弘法大師の遺徳のおかげで、関ヶ原で東西に分かれて死闘を繰り広げた武将たちの墓が仲良く林立している光景は、どこか睦まじいものです。死者たちは、あの世での和解を願ったのでしょうか。彼らの怨念が消え、あの世で名だたる武将たちが笑いながら祝杯をあげていることを祈ります。

それにしても、奥之院には二十万基以上の墓があるのに、なぜか薄気味悪さを感じることは、ほとんどありません。ふつうのお墓なら夜間に訪れることにためらいがあります。私は奥之院を真夜中に歩いたことがありますが、少しも不気味ではありませんでした。むしろ、荘厳な空気が漂っていました。

しかも、参道を歩いていると、とくに強い「気」を感じるところが何か所かあります。そのことに疑問を抱いた私は奥之院の参道を行きつ戻りつ、「気」の発信源を探し求めたことがあります。初めは、特定の人物の墓から強い「気」が出ているのだろうと思っていました。ところが「気」の発信源は、お墓ではなく、参道ぞいの大杉であることを突き止めました。長い参道の中でも、とくに大杉が群生しているところがありますが、そういう場所にかぎって、強い「気」が漂っています。そこで気づいたのですが、あの広大な墓地の霊気を浄めているのは、大杉の存在なのです。樹齢千年以上の大樹には、死者の妄念を浄めてしまうほどの霊力があるのかもしれません。

神社にも、たいていしめ縄が張り巡らされたご神木があります。中でも、太くて樹齢を経たご神木は、強い「気」を放っています。私にとって神社にお参りする楽しみのひとつは、その静謐《せいひつ》な「気」を感じることでもあります。そもそも昔の人は、神社を創設する時、なぜご神木を植えたのでしょうか。それは高野山奥之院の参道ぞいに杉を植えたのと、同じ理由だと思います。つまり、場を浄めるためです。

生きた人間も死んだ人間も、一か所に多く集まってくると、残念ながらその場の「気」が汚れます。それは人間が持つ想念のためだと思われます。寺社仏閣のような神聖空間の「気」を清浄に保つためには、樹木が不可欠なのです。そのことを昔の人は、体感的に理解していたのです。鎮守の森がほとんど消滅してしまった日本列島は、人間の想念の浄化装置を喪失してしまったのかもしれません。あまりにも人間の生命を軽んじた犯罪が頻発する現代の風潮を見るにつけ、我々はもっと森に回帰し、森から学ぶべきことがあるのではないかと考えてしまいます。

精神医学でも、薬剤処方よりも、最近注目され始めた森林セラピーなどで、患者の精神安定を試みるべきではないでしょうか。

近頃の墓地も新興住宅地のようにきれいに区画整理された土地に、画一的な墓石が並んでいるだけで、樹木が一切植わっていない所も多いです。そのほうが落ち葉も出ず、掃除の労力を省けるのかもしれませんが、もう少し死者が安らげるような潤いのある環境にすべきだと思います。生きているうちも緑の少ない都会に暮らし、死んでからも潤いのない墓地に眠るというのは、なんだかとても切ない気がします。

神棚には榊、仏壇には生花を供えるのも、植物の「気」がその場を浄め、神仏を喜ばせるからです。造花では意味をなしません。当然ながら、仏前で焚く線香も化学物質が入っているものではなく、天然素材のものがよいでしょう。自分が死んで、仏壇の位牌となって納まったことを想像し、どういう供養をしてほしいのかを考えてみれば、なすべきことの察しがつくのではないでしょうか。

●「お墓の力」を侮ってはならない

今から二十年以上前に、中南米のプエルトリコの古代遺跡を訪れたことがあります。そこには、先住民がバティと呼ぶ、サッカーの原型のようなスポーツに興じていた球技場がありました。野菜の皮で作ったボールを蹴り合っていたらしいのですが、戦闘と同じくらいの重みがあり、酋長の前で真剣勝負を繰り広げたそうです。

その時、遺跡ガイドが、この下には大量の死者が埋葬されていると言ったので、不審に思った私は、すぐさまその理由を聞きました。

「それは、ここでプレーする若者たちが、死者の力を得るためです」

私はその回答を今も鮮明に覚えています。古代の人々にとって、遺体は単に弔って埋めてしまうものではなく、生きている人間を支えるだけのエネルギーを持った確かな存在だったのです。

プエルトリコの先住民の考えは突出したものではありません。例えば、ヨーロッパに行くと、その教会で亡くなった聖職者は床石の下に葬られるので、廊下がそのまま墓所になっていたりします。廊下ですから、不特定多数の人がそのお墓を踏みしめて歩くことになります。日本人なら誰でも、人のお墓を踏みつけて歩くことに違和感を覚えるでしょう。けれども、現代のカトリック教徒がそれをどこまで意識しているかわかりませんが、墓の上を歩くことによって、徳高き聖職者の霊力を得るという信仰があったのです。

キリスト教会のお墓に関して、私にはひとつの忘れがたい思い出があります。東京外国語大学教授時代のことですが、私はスウェーデンのストックホルム大学で集中講義をしたことがあります。大学のキャンパスに隣接して大きな湖があったので、その周囲を散策したり、湖でカヤックをしたりしたことが懐かしく思い出されます。

ある休みの日に電車に乗って、北欧最古の大学があるウプサラという古都を訪れました。私が尊敬するエマヌエル・スヴェーデンボリ（一六八八―一七七二）のお墓がその街にあると聞いたからです。数学・物理学・天文学・宇宙科学・鉱物学・化学・冶金《やきん》学・解剖学・生理学・地質学・自然史学・結晶学に及ぶ恐ろしく広汎な知識を持っていた彼は、十八世紀最大の自然科学者とも称され、スウェーデン国王の信任を得て、国会議員も務めていました。しかしその一方で、深遠な神学書や自分が訪れたとする霊界に関する膨大な記録を残している不思議な人物です。

ずいぶん苦労して探し当てた彼の棺は、大理石でできた立派なものでしたが、ウプサラ大聖堂の一角に静かに納まっていました。そこで、私はある実験をすることにしました。まず、墓前で私は真剣に般若心経を上げました。その後、私はスヴェーデンボリのお墓に向かって、「もし私の読経が、科学者であるあなたの心に通じたのなら、私が駅に戻るまでに太陽を見せてください」とお願いしてみたのです。じつはその時、外では土砂降りの雨が降っていたのですが、数分後に、ほんの一瞬、太陽が眩しい顔をのぞかせてくれました。ふつうの自然現象としてはほとんどあり得ないことですから、その時も、「スヴェーデンボリが応えてくれた」と確信しました。

イスラム教徒も、日に五回お参りすることになっているモスクよりも、じつは昔の聖者廟のほうに熱心にお参りします。境内の売店で花やお菓子を買って、棺のある場所にお供えします。礼拝対象は唯一神のアッラー以外になく、一切の偶像崇拝が禁止されているはずのイスラム教で、特定の人物の墓にそのようなお参りをすることは原則違反のはずですが、「死者の力」で願い事が叶うと信じているからです。

例えば、インドのデリーにあるニザームッディーン・アウリヤー廟は、まるで浅草の浅草寺のように、いつも参拝客でごった返しています。彼は十三世紀のスーフィー（イスラムの神秘主義）の聖者ですが、イスラム教徒が参拝するならまだしも、ヒンドゥー教徒もキリスト教徒も熱心にお参りします。政治家も政党を問わず、選挙のたびに当選祈願に出かけるほどですから、よほどそのご利益が信じられているのでしょう。

私も昔、インド大統領の側近をしているという占い師に、そこに案内され、将来を占ってもらったことがあります。ヒンドゥー教徒の彼がイスラム教の聖者廟に出かけることに怪訝な思いをした記憶がありますが、そこでやらなければ、占いは正確なものにはならないと言っていました。占いも「死者の力」頼みだったのです。

●比叡山の魔所にある墓

お墓の力ということで、もう一か所、強烈な印象を受けた場所があります。そこは、あまりにも厳粛な場所なので、興味本位に訪れてほしくないのですが、あえてここで触れてみることにします。

それは、比叡山にある元三大師《がんざんだいし》（九一二―九八五）の御廟《みみよう》です。天台宗の本山である延暦寺は、東塔《とうどう》、西塔《さいとう》、横川《よかわ》の三拠点からなりますが、いちばん奥の横川にあるのが、元三大師堂（四季講堂）です。天台宗では、開祖である伝教大師最澄《でんぎょうだいしさいちょう》、天台密教の完成者である慈覚大師円仁《じかくだいしえんにん》、そして天台宗中興の祖とされている慈恵大師良源《じえだいしりょうげん》（元三大師）が重要視されています。

元三大師は弟子が三千人もいた学僧ですが、神秘的な側面がたくさんあります。まず、彼は日本中のお寺や神社で行われているおみくじを始めた人でもあります。僧侶がていねいに相談者の話を聞き、読経した後に、「元三大師百籤《ひゃくせん》」を引いて、漢文で書かれた籤の内容を当人に説明する本格的なおみくじです。

また彼は日本中に疫病が流行した時、その平癒を祈願したのですが、自分の姿を鏡に映し、弟子に描かせています。そこに映っていたのは、角の生えた鬼の姿ですが、それを護符として、疫病に苦しむ民衆に配りました。みずからが魔になって、魔を制しようとしたわけですが、そのため元三大師は「降魔大師」とも「角大師」とも呼ばれるようになりました。ご本人が亡くなって千年以上もたっているのに護符に込められた「死者の力」が今も認められているのか、その護符は今も横川の元三大師堂で販売されており、全国に流布しています。

朝廷へも出入りしていた元三大師は、容姿端麗であったため女官たちがひと目見ようと押し寄せてきたそうですが、彼は法力を使って小さな豆のような姿となり、彼女たちを避けたと言われています。その「豆大師」が三十三体描かれたものが、観音菩薩の三十三化身に通じているため、やはり護符として扱われるようになりました。

そういう元三大師が本領を発揮するのは、むしろ亡くなってからです。彼の墓である御廟は比叡山四大魔所のひとつとみなされていますが、切り立った崖の上にあり、その裏は深い谷になっています。お坊さんの墓だのに、入り口には鳥居が立っていることからして、そこがただならぬ場所であることを予感します。

御廟は、人間のあらゆる欲が渦巻く都の鬼門に当たる比叡山の、そのまた鬼門に当たる横川の、さらにはその鬼門に当たる場所に存在しています。つまり、そこは鬼門中の鬼門であり、魔なるものを封じる究極的な魔界でもあるのです。だからこそ、彼は自分の墓は荒れるにまかせるようにと遺言を残したのです。伝教大師最澄の御廟は西塔の浄土院にあるのですが、そこは籠山僧によって年中、落ち葉一枚もないぐらい掃き清められているのと好対照です。

元三大師は冥界においても生き続け、この国を守ろうと覚悟を決めたわけです。これぞ、真の宗教家と謂つべしです。まさに「死者の力」が凝縮している御廟をお参りする時は、もっとも敬虔な気持ちが必要ですが、真剣にお参りすれば、きっと霊験があるはずです。

●「死者の力」を信じないとクリスチャンになれない

そもそも宗教は本来、「死者の力」と強い結びつきを持っています。仏教のみならず、キリスト教も「死者の力」を信じないと成立しません。クリスチャンは、「主イエスが我々の罪を永遠に償ってくれている」と信じているからこそ、十字架上で血を流すイエスに手を合わせることができるのです。

キリスト教の信仰では、予言通り磔《はりつけ》になって三日後によみがえったイエスの遺体は、どこにもないとされています。仏陀の遺骨が「舎利《しゃり》」としてあちこちの寺院に大切にお祀りされている仏教とは、大きく事情が異なります。三日後の復活も、主観的問題ではなく、可視的事実として受け入れられています。

私があなたがたに最も大切なこととして伝えたのは、私も受けたことであって、次のことです。キリストは聖書の示すとおりに、我々の罪のために死なれたこと、また、葬られたこと、また聖書に従って三日目によみがえられたこと、またケパに現われ、それから十二弟子に現われたことです。
（コリント人への第一の手紙十五：三―五）

ケパとは、イエスの最初の弟子になったペテロのことです。これはクリスチャンを迫害することに躍起になっていたユダヤ教徒パウロの言葉です。彼は生前のイエスに一度も会ったことがありませんでしたが、天から差してきた光の中でイエスに会い、「サウロ（パウロのこと）、サウロ、なぜ、わたしを迫害するのか」と語りかけられます。その後、パウロは失明しますが、やがて目から鱗のようなものが落ちて、視力を取り戻します。ついに彼はキリスト教に回心し、熱心な伝道者となります。

それにしても、イエスが磔刑《たっけい》になってもなお生きていることを示唆する言葉は聖書のあちこちに登場します。

キリストは、死んだ人にとっても、生きている人にとっても、その主となるために、死んで、また生き返られたのです。
（ローマ人への手紙十四：九）

「一度は十字架上で息絶えたイエスが死んでいない」ことを心の底から信じないかぎり、敬虔なキリスト教徒にはなり得ません。形だけ洗礼を受けても、本気でイエスの復活を信じないかぎり、キリスト教の信仰を得たことになりません。そこがキリスト教信仰の難しいところです。

イエスは彼に言われた。「わたしが道であり、真理であり、いのちなのです。わたしを通してでなければ、だれひとり父のみもとに来ることはありません」　（ヨハネによる福音書十四：六）

このように真にクリスチャンであるためには、人間は直接的に神に救われるのではなく、イエスを通じてのみ救われると信じることが求められます。仏教徒は、教会で見るあの血なまぐさい十字架上のイエスに手を合わせることに違和感を覚えるものですが、クリスチャンはあのお姿を通じてのみ救われると考えているわけですから、その前で涙を流すことになります。

父と子と聖霊の三位一体を体現するイエスという人格神を絶対視するところが、キリスト教と他の宗教が大きく異なる点です。仏教徒は、ブッダを精神的覚者として尊敬しても、一度、涅槃に入ったブッダが復活したとか、彼を通じてしか救われないとかいうふうには考えません。お寺によってはご本尊が釈迦如来像だったりしますが、それは仏法の尊さを象徴しているだけで、人間ブッダがこの世によみがえってきた姿を意味するものではありません。

ただ、キリスト教徒のようにイエスの文字通りのよみがえりを信じることはなくても、仏教徒にも同じような心理が働いています。仏教徒がインドの仏蹟めぐりに熱心なのも、実際にブッダが生きていた土地に行けば、功徳を積めるという信仰があるわけです。鎌倉時代に京都栂ノ尾で暮らしていた明恵《みょうえ》上人は、インドを訪れることができれば、ブッダと同じ悟りが開けると信じて、『大唐天竺里程記』という詳細な旅行計画を書き残しています。ただし、彼は春日大社の巫女から計画を止めるようにとの神宣を受け、結局はインド旅行を諦めるのですが、彼の心にも遥か昔に亡くなったはずのブッダが有する「死者の力」に対する期待があったわけです。

日本仏教の主な宗祖たち、例えば最澄、空海《くうかい》、法然、親鸞、道元《どうげん》、日蓮《にちれん》などは、各本山に大切に祀られています。各宗派の信者は、そこに熱心にお参りして、手を合わせます。京都の東西本願寺などは、その典型であり、全国の門徒さんたちが観光バスで押し寄せます。家に居ても、念仏さえしていれば、阿弥陀如来に救ってもらえるはずなのに、わざわざ旅費を使って京都まで来るのは、親鸞聖人の「死者の力」に与って、自分も確実に極楽往生したいと考えるからでしょう。

死んだ肉体が復活したとは考えなくても、まだ宗祖の魂がそこにあると信じているから、手を合わせることができるのです。ここでいう魂とは、「死者の力」のことです。それを信じなくては、わざわざ遠くから足を運んで、参拝する気にはならないはずです。

●「食」によって結ばれる死者と人

昔の人たちが神仏に手を合わせたり、死者の弔いをしたりした後に、とても大切にしていたことがあります。それは、食事です。我々現代人にとっては、食事は満腹感を得る、あるいは自分の舌を喜ばせるだけの俗事に成り下がっていますが、それは本来、宗教儀礼の核心をなす重要な行事だったのです。

伊勢神宮や出雲大社など格式の高い神社では、神々にご神饌《しんせん》と呼ばれる食事を日に二度、お供えする日供《にっく》祭が営まれています。ご神饌の調理にも、神官たちは細心の注意を払い、決して非礼のないようにします。できあがった神饌は、シンプルながら一種の芸術品のような美を湛えています。

そしてお供えしたあとに、祭壇から下げてきたご神饌を人間が頂くことを直会《なおらい》といいます。そこには、神々と食事を共有することによって、初めて神々のお力が頂けるという「神人共食」信仰があります。直会をしなければ、神事を完遂したことになりません。

毎年の秋、最初に収穫された五穀を神々に捧げる新嘗祭《にいなめさい》でも、天皇は宮中のご神殿で直会をされます。その時、口にされるのは神饌と同じ御米飯、御粟飯、白酒、黒酒などです。天皇は召し上がる前に柏手を打ち、低頭し、称唯《いしょう》されるそうです。称唯というのはオーと低い声を出すことですが、柏手、称唯は目上の方から物を頂く時に行う古くからの作法です。

天皇が即位して最初に営む新嘗祭は大嘗祭《だいじょうさい》と呼ばれますが、この時の直会では、天皇は皇祖である天照大神と食事を相嘗《あいなめ》することによって、神の恩頼《みたまのふゆ》を受けます。

大嘗祭の様子は秘中の秘であり、我々には明らかにはされてはいませんが、おおよそ次の三つの儀式が営まれるようです。

一、「霊水沐浴」。白い帷子《かたびら》を着て、水風呂に浸かり、浴槽の中で着ている物を脱ぎ去る。

二、「神人共食」。その年、ご神田から穫れた米を神と共に食する。
三、「御衾《おぶすま》秘儀」。衣にくるまり眠る。

「霊水沐浴」で人間の汚れを払い落とし、「神人共食」で霊験あらたかなご神徳を受け、「御衾秘儀」で神と添い寝をすることによって、それまで皇太子であった人間が天皇霊を宿すと考えられているわけです。

皇族ではない我々は、こんな厳粛な神事に参加することはできませんが、それでも神社に正式参拝すると、神前に供えた御饌御酒《みけみき》を頂くことができます。これは御神酒が神饌の中でも米から作られるものであり、また調理をせずにその場で直接頂くことができるため、直会の象徴として営まれているわけです。

仏教でも法事の後には、遺族が揃って会食をします。これも、単なる親睦会ではなく、故人の遺徳を偲び、そのお裾分けをしてもらうという意味があります。大きな霊園の近くには、料理屋やレストランが付きものなのも、昔から法要と食事が切っても切れない関係にあったからです。恐らく火葬が普及する前の時代では、人々は埋葬の後、墓地で食事をしていたと思われます。

古代ローマには地下埋葬地があり、人々は月に一度、墓地を訪れ、「死者との饗宴」を開いていたそうです。それほど死者とのつながりを大切にしていたわけです。ですから、我々も法要後の会食では、ただ食べて飲むだけではなく、厳かな気持ちで故人の思い出を語り合うことが大切です。それでこそ、この世に残された者が「死者の力」を得て、より逞しく生きていけるのです。

対照的なことですが、一神教の神は人間とは超絶した存在であり、人間側から何かを供えるという発想はありません。人間にできることは、神に絶対服従を誓うという契約を結ぶことだけです。日本人としては食べ物を通じて、神々と双方向の交流ができる関係のほうが、なんとなく心温まるような気がしますが、超越神は食べ物を口にすることがないわけですから、致し方ないことです。

ただし、キリスト教の伝統の中でも、極めて重要な食事があります。それは「最後の晩餐」です。イエスは処刑前夜、十二人の弟子と共に食事をします。その時、彼は弟子のひとりが自分を裏切ることを予告しますが、パンを「自分の体」、葡萄酒を「自分の血」として食するように勧めます。そして、「これを私の記念として行え」（ルカによる福音書二十二：十九）と命じます。

そこから今日でも、カトリック教会では聖餐式あるいは聖体拝領ということが行われているわけです。考えようによっては、これは「神人共食」どころか、神の肉体そのものを食することであり、驚くべき直会の在り様です。それにしても、ここでも「食」が神と人とを結び合わせる事実に注目すべきです。

聖書には、イエスが五つのパンと二匹の魚で五千人の群衆を満腹させたという奇蹟も記されています。これも神から授けられる食物を口にするわけですから、一種の直会と考えられます。クリスチャンではない私は、この奇蹟を文字通りに信じるわけではありませんが、少なくとも「食」がイエスと群衆を結びつけているという物語には、共感するものがあります。

蛇足ですが、この奇蹟が起きたとされるイスラエルのガリラヤ湖畔にある「パンと魚の奇蹟の教会」を私も訪れたことがあります。とても清楚な教会でしたが、その時、南米コロンビアからの巡礼団の人々が、聖地を訪れたことに熱狂したのか、教会の敷石に次々と口づけしていた光景が今も目に焼きついています。

ところが、その歴史的な教会がユダヤ教の過激派の手によって、二〇一五年六月に放火されています。焼け跡には、ヘブライ語で「邪神の崇拝」という落書きが残っていました。「見えざるもの」に対する敬虔な身体感覚を欠いた原理主義的信仰の愚昧が、そこにも如実に現れています。

それにしても、人間は一日の暮らしの中で、家族、友人、同僚、仕事相手などと三度の食事をします。その場所は、家庭、居酒屋、レストランだったりするわけですが、食事には「魂の交流」というもっとも本質的な意味があることを知っていれば、同じ食事でもその味わいが、一段と深まっていくのではないでしょうか。

最近は、いつもたったひとりで食事をする孤食が増えているそうですが、スピリチュアルな次元で言えば、あまり喜ばしいことではありません。孤食が増えたぶんだけ、結婚しない、あるいはできない人が増えているような気がします。そこに少子化の問題が生じています。政府はわざわざ少子化担当大臣を設けましたが、その効果が上がっているようには思えません。そんなことよりも、全国の若い人たちにカップル用食事券でも配布したほうがいいかもしれません。若い人は魂の触れ合いの場を作るためにも、ぜひいろんな人と誘い合って、楽しい食事の場に積極的に出かけてください。

第3章
「見えざるもの」に導かれて

●虚弱少年の家出

私が「見えざるもの」の力を強く意識するようになったのは三十代半ばからですが、そこに至るまでには、それなりの長い経緯がありました。私は中学二年生の時、突然、家出し、仏門に入りました。決して家庭環境に問題があったわけではなく、「見えざるもの」の力に背中を押されて、出家したと思っています。なぜなら思春期の男子が家族の猛反対を振り切って僧侶になることなど、現代社会では、ほとんどあり得ない話だからです。

とくに私の場合、神経性慢性腸カタルを患う虚弱少年だったので、禅寺の修行に耐えられるような体力も持ち合わせていませんでした。中学校では生徒会長にもなっていたのですが、周囲からは「青びょうたん」というあだ名で呼ばれていました。そんな体の弱い私が、よりにもよって厳しい修行で知られている臨済宗の寺に飛び込んだわけです。

私は今まで、数えきれないぐらいの講演やメディア出演をしてきましたが、これまでいちばんたくさん受けた質問は、「どうして十四歳で出家したのですか」というものです。そのつど誠実に、嘘ではない理由を語ってきましたが、じつは一度も本当の理由を語ったことはありません。しかし、『死者は生きている』というタイトルの本を書くからには、いよいよ本当の理由を告白したいと思います。

私は京都生まれの京都育ちですが、町田の本家は群馬県吉井町馬庭《まにわ》にあります。実際に、ひと昔前までは馬がたくさん飼われていた村でした。私の父は農家の三男坊でしたが、馬の世話や野良仕事に嫌気がさして、十九歳の時、仕事を求めて京都に出てきました。そこで母と出会って、私が生まれたわけです。

私は四人兄弟の末っ子ですが、家族の中で、なぜか私だけが子供の時から宗教に強い関心を持ち、キリスト教会に通って日曜学校で聖書の勉強をしたり、坊さんになったりしたわけですから、誰の目から見ても少し変な子だったと思います。

私に信仰心の種を植え付けてくれた人がいたとすれば、それは祖母です。私は祖母に連れられて、よく京都の天神さん（北野天満宮）と弘法さん（東寺）にお参りしました。小学生だった私に信心があったわけではなく、境内の屋台で売っていた大福餅を食べさせてもらえるのが楽しみだっただけです。それでも神仏の前で頭を下げ、手を合わせるという行為は、私の潜在意識に刷り込まれたのだと思います。祖母は九十二歳で亡くなるまでひとり暮らしをしていましたが、コタツで合掌したまま、息を引き取っていました。

それにしても私が出家した直接的なきっかけは、中学校の同級生が寺の小僧をしていたので、彼に誘われて日曜日ごとに禅寺に遊びにいったことに始まります。すると、それまでキリスト教の教会で触れていたサロン的な雰囲気とはまったく異なって、お寺の人たちが黙々と坐禅をしたり、畑を耕したりしているのに、とても心惹かれたのです。しかも、そのお寺の住職が、たいへん教養のある学僧で、英語も堪能であり、国内外の一流の人たちと交流しているのを見て、自分もそういうふうになりたいなと思ったわけです。

ですから、べつに世をはかなんで、出家したわけではありませんでした。そして深層心理的には、過保護気味の母親から離れてひとりで暮らしてみたい、もっと強い人間になりたいという思春期の男の子なら誰でも一度は抱く気持ちがありました。

ただ、私は幼い頃から高熱を出して寝込むことが多かったのですが、そのつど自分が死ぬ恐ろしい夢を見て、人間は死んだらどうなるのだろうという疑問を抱いていました。そして物心ついてからも、子供が病気や事故で亡くなったと聞くたびに、「あんなに早く死んでしまう子供たちは、この世に生まれてきた意味がどこにあるのだろう」などと、死にまつわる思いが私の胸のうちにわだかまっていました。お坊さんになれば、その答えが見つかるような気がしたのです。

●坐禅という臨死体験

結局、私はまるまる二十年間を京都の禅寺で過ごすことになりました。坐禅修行をするうちに、生死が断絶していないことは体感的に理解できるようになったので、子供の頃から抱き続けた死への恐怖は消えたと思います。坐禅の最中に起きる意識変容体験を禅定《ぜんじょう》と呼びますが、それが深まってくると呼吸数も極端に減り、意識も低下しますので、坐禅は死の疑似体験でもあります。

もう少し具体的に言えば、私は禅を組むたびに深い海底に潜っていくような感覚を得ました。深く潜れば潜るほど暗い闇に包まれますが、そこは一切の生命活動が停止する死の世界です。禅定が十分に深まると、どこかで意識の底を打ちます。それは「無意識の光」に触れる瞬間でもあり、自己の闇の中にまぶしい光を見ることになります。

坐禅を止めるということは、そこから浮き上がってくる行為であり、水面に首を出した時、つまり意識が覚醒した時、一面の生に囲まれるわけです。目に飛び込んでくる波も空も山も鳥も、生の喜びと映ります。そういう体験を禅のほうでは、「大死一番、絶後に蘇る」などと表現してきたわけです。「若い衆や　死ぬがいやなら今死にゃれ　一度死んだら二度死なぬぞや」という白隠禅師の歌も、坐禅が一種の臨死体験であることを示しています。そこまで禅定を深めることがないまま、形だけの坐禅を組んでも、厳しいことを言うようですが、それは単なる気休めの領域を出ません。

ただ僧堂での禅修行といっても坐禅ばかりしていればよい精神的な世界ではなく、上下関係が厳しく、そこで陰湿なイジメのようなことも存在します。世間知らずの若い僧侶集団ですから、中には傲慢極まりない人間もいます。今から思えば、修行僧としてもっと透明な時間の過ごし方があったのではないかと悔やまれます。

しかし三十四歳の時、あとから詳しくお話ししますが、身の上に劇的変化が生じ、寺を離れて渡米し、東海岸の大学に留学することになりました。頭はつねにツルツルに剃り、着物、法衣《ほうい》、草鞋《わらじ》しか身に着けることがなかった私が、髪の毛を伸ばし、洋服と靴の生活に変わっただけでも、驚天動地のできごとでした。

悪戦苦闘の六年間を過ごした後、ようやく博士号を取得し、四十歳の時、大学で比較宗教学を教えるようになりました。それまでの沈黙を事とする禅修行から、英語で精緻《せいち》な理論構築をしなくてはならないアカデミズムへの移行は、時代劇の主人公がいきなりＳＦ映画に登場するくらいの劇的変化でした。

●自分のルーツを探り始める

自分でも、なぜこういう数奇な人生を歩むようになったのかと、時々、首をかしげることがありましたが、五十歳で日本に戻った頃から、その原因を探るために、先祖のことや地元の伝説を調べ始めました。その作業は、推理小説を読み進めていくようで、どこかスリリングなものがありました。「神武東征伝」はじめ、古代から伝わる神話や伝説の大部分はフィクションですが、その骨格には史実に基づいた真理が描かれているものです。それを浮き彫りにするには、読み手に鋭い洞察眼が求められます。

私の先祖は、北関東に存在した王朝にかかわる一族だったようですが、大和朝廷の討伐軍に襲われて全滅しています。それは歴史的資料に残っていることですが、豪族の王・多胡《たご》羊太夫《ひつじだゆう》は、『古事記』の編纂が始まった和銅四年（七一二）、上野国多胡郡の統治を正式にまかされました。そのことは、日本三大古碑のひとつであり、国の特別史跡である多胡碑にも記されています。ところが、その十年後、武蔵国の高麗若光《こまのじゃっこう》に「謀反の意あり」と讒言《ざんげん》され、朝廷から討伐軍が派遣されます。

羊太夫たちは謀反の意がないことを明言し、なんとか戦争を避けようとしたのですが、討伐軍の大将も何もせずに、すごすごと大和に帰るわけにはいかず、やむなく戦闘を開始します。結局、この誤解による戦いで、多くの人が命を失ってしまいました。町田本家がある馬庭の村には、首塚と言われる場所も存在し、そこを耕作する人間はみな変死すると伝わっています。

昔、馬庭の村には、町田という姓と高麗という姓しかありませんでした。羊太夫一族が滅んだ後、高麗家が進出してきたのかもしれません。高麗氏とは新羅《しらぎ》に滅ぼされた高句麗《こうくり》の遺民とされていますが、今も埼玉県には高麗の地名が残っています。

奈良の大和朝廷が九州に上陸した南朝鮮系の渡来人によって形成されていたとすれば、北関東に存在した古代王朝は、北朝鮮系の渡来人によって築かれていたと思われます。朝鮮半島北部から渡来人の大半は潮の流れに乗って今の新潟県あたりに漂着したものの、日本海側が豪雪地帯のため山脈を越えて関東平野に定着したのではないでしょうか。

彼らは当時の日本にはなかった養蚕業《ようさん》を導入し、あの地域に繁栄をもたらしました。最近、世界遺産に指定されて話題になっている富岡製糸場も、その名残です。農村地帯にしては珍しく、馬庭念流という古武道が伝わっていたり、書画骨董を好む人が多かったり、明らかに帰化人文化と思われるようなものが根づいているのです。

一説によれば、そもそも秩父の銅山を発見した功績で、羊太夫は朝廷から多胡郡という領地を与えられたようです。和銅という年号も、その時に始まりました。今も前橋市にある釈迦尊寺を建立したのも、羊太夫とされています。よほどの資力があったのか、馬庭の村にも塔や回廊もある大規模寺院が存在したと思われる遺物が断片的に見つかっています。さまざまな功績があった羊太夫は、大和朝廷の信任を得て北関東を統治していたのですが、彼の活躍ぶりを妬んだライバルの「謀反を企てている」という密告のせいで、朝廷の討伐軍が攻め寄せてきたわけです。

ここからは、私個人のほぼ勝手な思い込みですが、羊太夫一族の無念の想いが馬庭の土地には今も残っていると思います。その無念の思いを晴らすために、自分は町田の家系に生まれ、仏門に入ることなったのではないかというのが、私が心のうちに抱いてきた出家の真の理由です。

私は自分のことを羊太夫の「生まれ変わり」だとは考えていませんが、彼の想念の影響は相当強く受けているような気がします。私自身も、今までの人生の中で誤解や裏切りのようなことを幾度となく体験してきました。それは、時空を超えて継承される「想念パターン」があるからです。

ヴァージニア大学のヴァミク・ヴォルカンという心理学者も、どの民族にも先祖から継承される心理傾向が存在し、それを「心理的ＤＮＡ」と呼ぶべきだとしています。過去において異民族に虐げられ、屈辱を味わった歴史があるとすれば、それが「心理的ＤＮＡ」として現代の人間に継承され、どれだけの時間がたっていようとも、紛争勃発の原因になると彼は分析しています。

私個人もどんなことが自分の身の上に起きようと、他者の責任にせず、自分が潜在意識に抱え込んでいる「心理的ＤＮＡ」を超克することに、自分に課せられた大きな課題があると考えています。それが、私の先祖に対する供養の仕方でもあります。

ちなみに、先祖のさまざまな事績を知った後、町田本家の人たちにお願いして、敷地内にお地蔵さまと観音さまを祀ってもらいました。土地を浄化する必要があると考えたからです。そして年に一度ほど、私はお地蔵さまと観音さまの供養に出向くことにしています。羊太夫一族の墓とも言われる七《なな》輿山古墳《こしやま》（藤岡市上落合）にも出かけ、私なりに供養をさせてもらいました。史跡としてきれいに整備された場所ですが、それまで供養ということがほとんどされていなかったように感じました。

そのことは、日本中の史跡で感じることです。文化財としては大切にされていても、その場所や建物に縁のある末裔が、それに対して供養が十分にできていない場合が大半です。ご自分の家の歴史がある程度まで判明している人は、たまには因縁のある土地に出かけ、先祖の弔いのつもりで、しばしそこに佇んでみてもいいのではないでしょうか。何か心に閃くものがあるかもしれません。

●京都大原の庵に潜む

私が禅修行をほぼ終えようとしていた時期に、師匠が肝臓ガンで急逝しました。峻厳極《しゅんげん》まりない人でしたが、積年の無理が祟ったのだと思います。その前後は看病や葬儀のことで目が回るほどの忙しさでしたが、一段落した時、私は自分の身の処し方のことで、ずいぶん悩みました。

僧侶として長いキャリアがあっても、私は伝統至上主義の寺院組織に留まることに疑問を抱いていました。そこで取りあえず一年間だけ、京都大原の庵で独り暮らすことに決めました。その間に自分の進退を決めようと思ったのです。

しばらくすると村人が次々と訪れ、「和尚さん、気をつけなはれ。この寺は昔から祟りがあるみたいでっせ」と物騒なことを言います。現役の雲水《うんすい》だった私は、「そういう類の話は迷信にすぎない」と一笑に付したのですが、数か月後にひょんなことから結婚することになり、その頃から不気味なことが起き始めました。

家内が「いつも夢の中に、首のない武将と、暗闇の中に坐る悲しげなお姫様が出てくる」と言うのです。「寒い、寒い」と言って、夜中に震え出すこともよくありました。寺の一角に泉が湧き、その横に風雅なお茶室があったのですが、とくにその辺りが怪しげな感じがするとも言っていました。

とくに村人は、「この寺にオナゴはんが暮らさはると、ろくなことはありしまへん」と、よけいに物騒なことを言ったりしていましたので、さすがの私も気になり始めました。霊的なことは何もわからない私は、霊感のある知人を招き、アドバイスを受けようとしたのですが、「ここは、魑魅魍魎《ちみもうりょう》の巣窟」とだけ言って、寺の門すら潜ろうとしませんでした。いよいよ肌寒くなってきました。

妻の夢に出てくる首のない武将と哀しみに暮れる姫が誰のことかわからないまま、私は本堂で浮かばれぬホトケたちのために一生懸命、お経を上げることにしました。そして一か月ほどたった時、茶室の傍らにある竹やぶを掃いていると、箒の先が石に当たりました。「こんなところに何かな」と思って、ひっくり返してみるとなんと石仏だったのです。そして一メートルほど離れたところにも、もうひとつ埋もれた石が見つかったので掘り起こしてみると、なんとそれも石仏でした。

泥だらけの石仏二体を水でよく洗ってみると、なんとなく男女のような気配が漂っています。眺めているうちに、それまで竹やぶだと思っていたところが、「ここは、悲恋のふたりが命果てた後、その両者、あるいはどちらかが埋められた場所ではないか」と閃きました。あくまで私の憶測でしたが、それでも塚の上に石仏二体を仲良く並べて、供養させてもらいました。

そして驚いたことに、翌朝、同じ場所に戻ってみると、石仏の前に首のない赤マムシの死体が横たわっていました。咄嗟に、これは首のない武将が成仏した証しではないかと直観しました。彼の執着心が毒蛇の体となり、この世を這いずり回っていたのかもしれません。現実には、蛇の死体に首がなかったのは、たまたまカラスか何かに喰われたのだと思います。

●幽霊寺からハーバード大学へ

その頃、もうひとつ、不可解な事件がありました。当時、私の庵には、京都大学理学部に客員教授として滞在中の、カリフォルニア大学バークレー校の世界的数学者ロビン・ハーツホーン教授夫妻がよく出入りされていました。ご主人が尺八の達人だったので、よく本堂の縁先に坐り、比叡山を眺めながら、瞑想に耽るようにして尺八を吹いておられました。奥様もお琴の演奏をされ、ともにアメリカ人なのに、よほど日本文化がお好きだったのです。

ある時、おふたりが悲痛な顔をしてやって来られ、「親友の息子さんがハーバード大学在学中に、自殺してしまった。ここで、弔ってもらえないか」と言うのです。おふたりの気持ちを察して、京都大原にいながら遠くマサチューセッツ州で命を絶った若者の供養をしました。

後で家内から聞いた話ですが、私がお経を上げている最中に、障子の向こうに人影が映ったというのです。そんなことはあり得ないと、私は取り合わなかったのですが、それがちょっと訳ありだったことが、後日判明しました。

私の人生が大きく展開し始めたのは、その頃からです。かねてから私は、「これからは、禅のことだけ知っていてもダメだ。広く仏教全般とキリスト教の比較研究を本格的に、そしてできれば英語で学んでみたい」という思いを持っていました。それは寺から高校に通っていた時分、国際的な禅学者・鈴木大拙の本を読み漁った影響です。僧堂の集団生活を離れて、やおらその思いが強くなったのです。

そこで米国留学を目指して、いろんな大学から資料を取り寄せてみました。でも、高卒の資格しかなく、英語力も覚束ない三十代の外国人を合格させるほど、アメリカの大学は甘くありません。仕方ないので、入学試験のないコミュニティー・カレッジ（社会人学校）にでも取りあえず入ってみるかと思っていた頃、ハーバード大学神学部長のジョージ・ラップ博士から、「当大学に、特別生として迎え入れたい」という驚天動地の手紙が届きました。

この時、私の脳裏に石仏供養と、自殺したハーバード大生のことがよぎりましたが、まったくあり得ないことが目の前で起きようとしているのでした。実際には、くだんのハーツホーン教授夫妻が、全米の主要な大学に推薦状を書いてくれたおかげです。親交が深まるにつれて、私の夢を叶えてやりたいと思われたのか、共にハーバード大学を卒業されたおふたりが、全米各地の大学で要職に就いておられるかつての同級生宛てに、ていねいな推薦状を送ってくださったのです。

それが、ラップ神学部長から私への一通の手紙という形で結実したわけです。その後、ラップ教授はコロンビア大学総長になるほど、神学者として未曾有の出世をとげられ、全米のニュースになったほどです。しかも、彼の長女が後にプリンストン大学で私の学生になられたのも、不思議な運びでした。

ただ「特別生」というのは、正式の大学院生という立場ではなく、非正規の聴講生という資格だったのですが、学生ビザを取得するためには、米国系の銀行に五百万円以上の預金があるという残高証明を発行してもらう必要がありました。

ハーバード大学で学ぶことが決まっても、一文無しの雲水には五百万円という金額は、雲をつかむような話でした。ですが、私の進路を応援してくださる方が次々と現れ、不特定多数の方から「お餞別」を頂きました。その結果、ほんの三か月ほどの間に、ちょうど五百万円集まったのです。この時も、つくづく「見えざるもの」の応援を感じました。

数か月後、伊丹空港から航空運賃のいちばん安かった大韓航空でソウルとアンカレッジ経由で、ニューヨークに飛びました。当時は関西空港もなければ、関西からアメリカ本土への直行便もありませんでしたので、長いフライトでした。

深夜のＪＦＫ空港に着いた時は、疲れ果てていましたが、薄暗いターミナルで長身の黒人ポーターたちに囲まれ、英語もろくに話せないので、とても不安に感じたことを覚えています。空港近くのホテルで眠れぬ一夜を明かし、ニューヨークからボストンに飛びました。それから、マサチューセッツ州ケンブリッジの町に到着し、ついにチャールズ河の対岸にハーバード大学の赤レンガと白壁の美しい学舎が見えた時、「本当にこれは現実なのか」と信じられない気持ちでした。

もちろん、入学後は血の汗を流すほどの猛勉強に追われましたが、そこは禅寺で鍛えた意志力と体力が役に立ちました。それまで坐禅と肉体労働ばかりしていた人間が、外国語の書物に埋もれるようにして暮らすようになったわけですから、小説以上にドラマチックなことでした。

それにしても三十代半ばになって、自分の人生がこのように展開するとは、夢にも思わなかったことです。日頃から自分が手を合わせていた「見えざるもの」のおかげで、自分が不可思議の道を歩まされていることをひしひしと実感しました。

そして当時から三十年あまりたった今、あの留学体験は、その後、自分が挑戦しようとしている壮大な計画を実現するためのお膳立てだったと思えてならないのです。英語で日本の思想を語り得るだけの語学力と知力を鍛えるために、私は京都大原の草庵からアメリカ東海岸の名門大学に連れていかれたのです。「見えざるもの」に私の人生が丸ごと拉致されたと言ってもいいくらいです。そこに私のプライドや個人的能力が入り込む余地はありませんでした。

●妻の妊娠と「前世の記憶」

ハーバード大入学の話と並行して起きた奇跡が、もうひとつあります。それは家内の妊娠です。じつは二十一歳の時、私は重度のオタフク風邪にかかったのですが、修行道場でのことでもあり、横になることもなく仕事を続けました。しかし、ついに高熱のあまり、屋外で気絶してしまったのです。気がつくと枕元に医師が坐っており、「お気の毒ですが、ここまでの高熱を出されたので、精子が死滅し、将来、お子さんができない可能性があります」と言われました。当時、血気盛んな修行僧だった私は、生涯、独身のつもりだったので、その時はまったく意にも介しませんでした。ところが、その十三年後に結婚することになったわけです。

念のため京都大学病院の泌尿器科に検査に行きましたが、案の定、「子供は諦めてください」と言われました。しかし結果的に、家内は妊娠しました。その事態を前に、くだんの医師は「失礼ながら、その子の父は、あなたではないはず」と主張しました。家内は大いに怒り、私は苦笑しました。

今、私にはふたりの息子がいます。ＤＮＡ検査をしたわけではありませんが、顔も性格も私に似ていますので、双方とも実の子であると確信しています。ふたりともボストン市内にある有名なブリガム・ウィメンズ・ホスピタルで、母子の生命が危ぶまれるほどの難産を経て誕生しました。低所得者向けの福祉プログラムでの出産でしたが、親切な医師や看護師との出会いがありました。子供たちも幼いうちは急性腎盂炎とか心臓疾患とか、親がハラハラするようなことがありましたが、その後すくすくと育ってくれました。

アメリカでは子供が誕生すると、将来払わなくてはならない高額の教育費に備えて、専用口座で貯蓄をする親が多いのですが、私はそんな経済的余裕もなかったし、その必要も感じませんでした。「その時がくれば、なんとかなる」と思っていた通り、彼らが高校や大学に進学するたびに、学校や政府から奨学金をもらってくれたので、収入の少なかった私はあまり大きな負担をせずにすみました。

ところで、京都大学病院の医師も認めなかった家内の妊娠事件ですが、それには後日譚があります。ただし、ここからの話は、いよいよ怪しくなってきますので、話半分にお読みください。日本に帰国して間もなく、私はどこかで講演したあと、「前世療法」で著名な精神科医を紹介されました。「そんな非科学的なセラピーがあるのか」というぐらいにしか思っていなかったのですが、その精神科医は私を別室に連れて行き、催眠術をかけるような仕草をしました。もちろん、私にはなんの心理的変化もありませんでしたが、施術後、その医師は不可解なことを言いました。

「町田さん、あなたは前世で、砂漠の国で王だったことがあります。その時、いつまでもお世継ぎを産まない正室をずいぶん責めました。そして、何人もの側室をはべらせるようになったのです。その時の無念さを晴らすために、正室は意地でも子供を産んでみせるという意気込みで、今生の妻となっています」

これには、驚きました。その精神科医は、私の身の上を何も知りませんでした。なのに、家内が奇跡的に子供を授かった理由を言い当てたのです。家内本人が過去世のことを記憶していたわけではありませんが、彼女の潜在意識に刷り込まれていた可能性はあります。医学的に男性の不妊症と診断された私が子供を授かった理由として、今のところ科学的ではありませんが、この前世譚以上に説得力のあるものには出会っていません。

「人は死んでも死んではいない。死者の想念は時空を超えて、現象世界に影響を及ぼしている」。そういう超現実的な思考法が、次々と目の前に展開する不思議なことを体験するうちに、じわじわと私の脳裏をかすめるようになったのです。

●アメリカ人の人情に助けられて

さて留学二年目からは、正規の学生として神学部修士課程に編入許可がおり、全額奨学金を頂けるようになりました。博士課程ならいざ知らず、修士課程で奨学金を受けるというのは、とても稀なケースでした。

それでも家族を養うための生活費は、自分で稼ぐ必要がありましたので、掃除夫をしたり、運転手をしたり、観光ガイドをしたり、現金収入になることならなんでもしました。京都の有名寺院で法衣さえ身に着けていれば、黙っていてもお布施が入ってくる生活とは、まったく違う状況に直面したわけです。少しでも油断すれば、落第するような状況で、多大な時間を労働に奪われることには辛いものがありましたが、背に腹はかえられません。お金の心配をせずに勉強に専念できる同級生が羨ましいかぎりでした。

あまりに収入が少なかったので、ある富豪の家に夫婦で召使いのような形で住まわせてもらったこともあるのですが、子供が生まれたとたん、追い出される羽目に陥りました。それは出産を機に、家内がB型肝炎ウイルスの保持者であることが発覚したためです。すでに抗体ができ、母子感染以外に他者に伝染の可能性がほとんどないものでしたが、当時、肝炎ウイルスはアメリカではエイズなみに恐れられていたのです。

小さなボロ車に妻子と家財道具すべてを載せ、豪邸を出て行く時の惨めな気持ちは今も忘れられません。すぐにはアパートが見つからず、同級生だった牧師の家の地下室に置いてもらい、急場をしのぎました。トイレの洗面にお湯を溜め、生まれて間もない長男を風呂に入れたことを覚えています。

そのように、困窮極まるような目に何度も会いましたが、その都度、信じられないような展開があり、土壇場で救われました。自分で選んだ道ですから、あまり弱音は吐きませんでしたが、この時のストレスは相当なものだったらしく、生まれて初めて円形脱毛症にかかりました。それは数か月で消えましたが、つくづく体は正直なものだと思いました。

禅堂で坐禅と托鉢と作務《さむ》（肉体労働）さえしていればよかった修行時代からは、想像もできないできごとが怒濤のように襲ってきたのですが、それでも沈没しなかったのは「見えざるもの」の応援があったからです。富豪の家を追い出され、牧師の家の地下室を出てからは、ケンブリッジ郊外の安アパートに暮らしていましたが、手作りの仏壇を設け、毎朝お経を上げるようにしていました。それは、私が十四歳で出家してから続けていた日課でもありました。

何度も危機的な状況を潜り抜けてこられたのは、ひとえにお経の功徳だと思っています。それは、人から見たら単なる思い込みだと思われるかもしれませんが、私にとっては否定できない実感です。

大学の授業も抽象的な内容ばかりでしたので、生半可な英語力では付いていけません。ポカンと口をあけたような状態で聞いていることが多かったように思うのですが、そんな様子を見かねた親切な同級生たちが次々と、「夜、アパートに来れば、今日の授業の内容を教えてやるよ」と申し出てくれたり、試験前に大学ノートをそっくりコピーさせてくれたりしました。卒業直前に古典ドイツ語の試験を受けて不合格になった時も、顔面蒼白になりましたが、教授に追試験をしてもらい、なんとか必要単位を満たすことができました。

それと、何度思い返しても幸運だったと思うことがひとつあります。私が留学した一九八〇年代初めは、アメリカでもタイプライターからパソコンへの過渡期であり、大学の職員もまだタイプライターで書類を書いていました。禅寺では毛筆しか使っていなかった私が、英文をタイプライターで打とうとすると打ち損なってばかりで、恐ろしく時間がかかりました。しかも、私のように英語ではない英語で書いたレポートは、何度も書き直しの必要がありました。

ところがその時も、幸運の女神がにっこりと微笑んでくれたのです。牧師の家を出て、私が安アパートを見つけるまでケンブリッジの精神科医のお宅に居候させて頂いたのですが、その精神科医は裕福なこともあり、当時極めて高価だったパソコンの新製品が出るたびに、次々と購入していました。

それに目をつけた私は、使わずに放置されていた古いパソコンを彼にお願いして使わせてもらうことにしたのです。今と比べればパソコンも原始的なものでしたが、私はその使い方を必死で覚え、大学に提出する膨大な量のレポートをパソコンで書くことができたのです。あれがなければ、私はとうてい卒業単位を取得できていなかったはずです。絶妙のタイミングで留学し、絶妙の下宿先に転がり込めたことが、今でも不思議でなりません。

そんなアメリカ人の親切心と人情のおかげで、落第もせず、三年後にようやく修士号を取得できました。大学の芝生の庭で開かれた卒業式で、キャップとガウンをまといながら、学部長から卒業証書を渡された時は、感無量でした。

●自分の学問スタイルを見つける

修士課程を修了したので、いよいよ日本に帰国しなければならないのかな、と思っていた矢先、やはりアイビーリーグのひとつであるペンシルバニア大学のケン・クラフト教授から、うちの博士課程に進学しないかというお誘いがありました。

なぜなら、クラフト教授が禅研究のために京都に留学していた大学院生の頃、私は時折、漢文で書かれた禅語録を解読する手伝いをしていたからです。アメリカの大学の博士課程に進学するためには、GREという難しい統一試験があるのですが、その点数も芳しくない私が合格できたのは、禅の専門知識と体験のおかげでした。

学費免除の上、大学の日本語科の助手の仕事が舞い込んできたり、特待生として生活費が受けられたりして、以前と比べれば、ずいぶん生活が楽になりました。ただ、ペンシルバニア大学があったフィラデルフィアの街は犯罪が多く、小さな子供たちを育てるには危険だったので、ちょっと無理をして郊外の一軒家を借りて住むことにしました。

すると再びアルバイトの必要性が生じてきたのですが、すでに英語力も進歩していたので、賃金の高い通訳をするようになりました。バブル経済を謳歌する日本企業が、どんどんアメリカに進出してきて、あらゆる分野で通訳を必要としていました。その波に乗った私は全米各地を飛び回り、いろんなビジネス・ミーティングの通訳をしました。それが思いがけないことに、三十代半ばまで禅寺の土塀の中の世界しか知らなかった私にとって、最高の社会勉強になったのです。

勉学のほうもハーバード時代よりもいっそう濃く深くなり、とくに比較宗教学者のスティーブ・ダニング教授には、毎週一冊、神学・宗教学・心理学・人類学・歴史学など異なった分野の難解な本を読破して、その書評を書くという課題を与えられ、死に物狂いで勉強したことを覚えています。しかしそのおかげで、現在、町田学の特徴となっている学際的な学問手法が、身に付いたと思います。

博士論文を執筆するには、難関の博士論文資格試験を突破しなくてはなりません。この試験に臨むにあたっては、三人の教授から指定された数十冊の書物の内容を把握している必要があるので、アメリカ人学生でも相当なストレスを覚えます。受験直後に救急車で運ばれたり、毛髪が一気に白髪になったりした学生がいたという恐ろしげな噂も耳に入っていました。

ネイティブ・スピーカーと比べて、はるかに英語力の弱い私にとっては、飛んだこともない高さの棒高跳びに挑むようなものでした。それでも試験勉強に一年を費やし、三日間もかかった試験をなんとか通過することができました。頭脳でというよりも、体力にまかせて厚い壁をぶち破ったような感じでした。

●棚ボタ人生に、ただ感謝

その後、二年かけて博士論文を書き上げ、ペンシルバニア大学から博士号を取得することができました。私の両親はともに尋常小学校卒でしたから学歴には一切無関心でしたが、その出来の悪い子供がアメリカで哲学博士になったわけですから、「よく頑張りました」と少しだけ自分を褒めてあげたいと思います。

その後、運よくプリンストン大学にも就職することができました。アメリカではオーバードクターといって、博士号を取得しても就職できない学歴難民で溢れ返っていますから、ハーバード大でもペンシルバニア大でも劣等生だった私が、プリンストン大学に就職することなど、宝くじに当たるぐらい確率の低いことでした。

これも、偶然が重なってのことでした。日本中世史研究者だったマーティン・コルカット教授が私の存在を知り、声をかけてくださらなければ、私は博士号取得後、すぐに日本に帰っていたはずです。ここまで読んでくださった読者には、すでにおわかりだと思いますが、私は進学も就職も、一度も自分から求めたことはありません。いや、正確には自分が希望することを自分で求めても、与えられないのです。「人生は、いつも向こうから与えられる」というのが、私の実感です。まるで棚からボタ餅が落ちてくるような感覚です。

私がプリンストン大学で所属していた東アジア研究学部は、かつて数学部の建物だったので、私の研究室の隣は、アインシュタインの研究室として知られていました。ほんの数年前まで禅寺で朝から晩まで、坐禅と托鉢と作務だけをしていたわけですから、とても広く、風格のある研究室で、天下の秀才たちに日本の文化や宗教を教えるようになった自分の境遇が不思議でなりませんでした。

プリンストン大学にはノーベル賞受賞者あるいは同程度のレベルの学者がざらにいます。学内だけではなく、世界中から第一級の学者が集まってきます。そういう環境で学問に専念できたというのは、私にとってかけがえのない貴重な体験になっています。講義は、日本文化や歴史関係のものでしたが、当時は「ジャパン・アズ・ナンバーワン」の時代でしたので、日本に強い関心を持つ学生が多く、重厚感のある階段教室もしばしば満員になりました。

そういう体験の積み重ねもあって、私は現在に至るまで、おびただしい数の国際学会、国際会議、講演会に参加させて頂いています。しかし、そういう経験が私個人のプライドを満足させてくれたというわけではありません。いかなる場所で誰に向かってでも、自分の信念を堂々と語る度胸を培ってくれた気がします。

それと渡米して十年後に、当初の極貧生活からは想像もできないことですが、プリンストンの森の中に美しいマイホームを持つことができました。あちこちの天窓から一日中、光が差し込み、広い裏庭には野生の鹿の群れが戯れていました。マサチューセッツで最初に住んだアパートがスラム街の只中にあって、床がひどく傾いていた三階の屋根裏部屋だったことを思えば、これはまさしくアメリカン・ドリームの実現でした。これも決して自己満足のためではなく、「見えざるもの」の存在を思い知らされるために、体験したのだと思っています。

プリンストン大学で八年間、教鞭を執ったあと、国立シンガポール大学に移りました。成長著しい新興国が教育に注ぐ情熱には驚くべきものがあり、そこでは伝統のあるアメリカのアイビーリーグに追いつき追い越せという勢いを感じました。

学問的にも、この移動は私の人生に大きなプラスになりました。なぜなら、それまで仏教とキリスト教のことしか知らなかった私が、ヒンドゥー教やイスラム教にも触れることによって、私の宗教観は一新されたと言っても過言ではないからです。

シンガポールに滞在した三年間、毎月のように東南アジア各地を旅する機会を与えられましたが、多様性を特徴とするアジア文化の真価に開眼する機会となり、そのおかげで東西の思想融合という自分の使命が明確になりました。

結局、私は五十歳で日本に戻るまで、アメリカで十四年、シンガポールで三年過ごしたことになりますが、その間に数えきれないくらいの人々から有形無形の応援を受けました。今からでも世界行脚して、おひとりおひとりにお礼を言いたい気持ちです。すでに亡くなられた方もおられるとは思いますが、その恩返しは自分がこれからどこまで社会貢献できるかにかかっています。もし、私が自分に不本意な人生を送ってしまえば、それは受けたご恩を仇で返すようなものです。一日でも長生きして、やるべき仕事を果たして息絶えることを願っています。

人間は、体験から学ぶものです。どれだけ知識を積んでも、最後に血肉になるのは体験です。私は、そういう意味でとても幸運です。幼少期には家庭の温もり、青年期には禅寺の厳しさ、壮年期には高度な学究生活、そして初老の現在は新たな思想的挑戦と、人生のステージごとに劇的ともいえる濃厚な体験をさせてもらってきました。

訪れた国は百か国近くに及ぶと思いますが、そのおかげでじつに多種多様な人間模様を観察させてもらいました。『華厳経』の中で善財童子が五十三人の善知識を訪ね歩いて、徐々に悟りを開いていくように、頑迷かつ魯鈍《ろどん》な私が少しでも人間理解を深められるように、「見えざるもの」の力が私の背後で大きく働いているのだと思います。

●「死にともない」

私が「見えざるもの」の力を強く感じるようになったのは、自分の人生で奇想天外の体験があったからにほかなりませんが、それとは別に私は今まで七回ほど死にかかり、そこから辛うじて生還しているからです。そのつど目には見えない何ものかに守られていたとしか思えないのですが、そのうち三つの事件について書かせて頂きます。

ひとつ目の事件は、病気による死の危険です。ただ、この事件については、私にはまったく記憶がありません。なぜなら、一歳の時に起きたことだからです。家族や親戚から聞いた話ですが、私は医者も匙を投げるほど肺炎をこじらせてしまったそうです。あまりの高熱でぐったりとし、まったく反応しなくなった私を抱きかかえて、母は茫然としていたそうです。少し前に姉を亡くしたばかりだったので、悲劇の再現を思っていたのでしょう。

ところが、私の容態を見た叔父は牛黄《ごおう》が熱に効くと誰かから聞いていたので、それを飲ませてみようと言い出したのです。「漢方の王様」と呼ばれている牛黄とは、牛の胆のうにできた結石のことですが、それが見つかるのは牛一万頭に一頭くらいらしく、金よりも高い値がついた高貴薬とされています。

漢代の漢方書『名医別録』には、「子どものあらゆる病気、口も開けないほどの高熱、大人の精神錯乱など幅広い症状」に効き、長期間服用すれば「寿命を延ばし、物忘れしなくなる」と書かれています。現代でも、病中病後の強壮滋養剤として、重宝がられています。

京都府警の辣腕《らつわん》刑事として知られていた叔父は、その人脈を使ったのか、当時、京都市南区にあった屠蓄場から、早速それを手に入れてきたのです。そして小さじ一杯の牛黄を飲ませただけで、私の熱は下がり始めたといいます。この話がフィクションでないことには、医学的証拠があります。今もCTスキャンで見ると、私の右肺には一箇所に不自然に白い部分が見つかり、一時は医師に肺ガンを疑われ、検査入院を勧められたこともあるのですが、その後も大きくなっていないので、恐らく肺炎の後遺症だろうということです。

死んでもおかしくない私が生きながらえさせて頂いたのは、直接的には叔父の機転と家族の看護のおかげですが、何よりも「見えざるもの」の加護があったからだと思っています。夭折した姉が再び両親を悲しませないために、私を守ってくれたのかもしれません。

ふたつ目の事件は、事故による死の危険です。それは、国立シンガポール大学の教員時代にダイビングに出かけたマレーシアの海で起きました。小さな漁船に便乗し、離島から五時間もかけて本土の港に戻ろうとしていた時です。出航の際は熱帯らしい炎天だったのに、沖に出てから突然、スコールがやってきたかと思うと、海はみるみる大シケとなり、ビルのような大波が船に襲いかかってきたのです。荒れ狂う波に翻弄される船は、エンジンも止まってしまい、いつ転覆してもおかしくない状態で漂流が続きました。おまけに漁船には、ライフジャケットも無線機も搭載されていませんでしたので、救援を期待できる状態ではありませんでした。

家族にも正確な行先を伝えていなかったので、ここで沈んだら誰にも知られずに私の人生は終わるのだと思いました。海の藻屑《もくず》になるには、まだまだ野心がいっぱいの私でした。自分には永遠のように感じられたのですが、一、二時間そういう状態が続いた後、一転、ウソのような快晴になり、無事帰港できたのです。陸に上がった時、神様が「お前はまだ生きろ」と言ってくださっているような気持ちになりました。

三つ目の事件は人災であり、これがいちばん恐ろしい体験でした。ベトナムのホーチミン市の劇場で民族舞踊を見たあと、夜も遅かったので、前に待ち構えていた人力車に乗り、ホテルに帰ろうとしたのです。ところが、どうも方向がおかしい。どんどん人家が減り、暗い町外れに私を連れていきます。人力車を漕ぐ男は、しきりに携帯電話で仲間に話しているようですが、ベトナム語なので内容がわかりません。私はとっさに「罠に嵌められたのだ」と気づき、人力車から飛び下り、近くの民家に逃げ込みました。

住人にホテルの名刺を見せたら、まったく違う場所だと言います。それで私はタクシーを呼んでもらい、それで帰ろうとしたのですが、数分後に、走っているタクシーが六台のバイクに囲まれました。「コイツらこそ、私を待ち伏せしていたギャングだ」と思ったのですが、タクシーの運転手があまりの恐ろしさに道の真ん中で停車させてしまったのです。

そのとたん、男たちが叫びながら乗り込んできて、私を袋叩きにしました。顔だけは殴られないようにしていたのですが、このままだと気絶するか、ナイフで刺された挙句に、身ぐるみはがされるだけだと思ったので、一か八かの大芝居をしました。「俺は、空手をやるんだ」と叫び、気迫で戦う姿勢を見せてから、「お前ら、金がほしいんだろ。車から下りたら、金をやる」と大声で叫び、懐から結構な量の札束を見せました。

なぜか素直に彼らがクルマの外に出ようとしたので、その瞬間、運転手の肩を叩き、急発進させました。窓から札束を派手に撒いたので、彼らはそれを拾うのに夢中で、それ以上、追いかけてきませんでしたが、運転手も動転していたらしく、赤信号も無視して突っ走りました。

幸い撒いたのはベトナムの紙幣だったので、あまり実害はなかったのですが、ホテルに戻ってみたら、着ている服がボロボロになっていました。自然よりも、人間のほうが恐ろしいと、この時つくづく思い知りました。そしてベトナム人を恨むというよりも、資本主義社会の汚い部分をベトナム戦争の置き土産にしたアメリカを責めたくなりました。

そういう危うい目に何度も遭ってきましたが、一度も死ぬのが怖いとは思いませんでした。心にあったのは、「今は死にたくない。まだ死ねない」という思いだけでした。私は欲張りなので、できれば百歳まで生かして頂いて、この世でできるだけたくさんの仕事をしたいと望んでいますが、それが実現するかどうかは、「神のみぞ知る」でしょう。

『森女と一休』（講談社）という小説にも描いたことですが、一休和尚は八十八歳で亡くなる時、十年も同棲していた盲目の恋人・森女の膝枕を借り、「死にともない（死にたくない）」とひと言だけ言い残し、息を引き取ったと伝わっています。私はどんな言葉を残して息を引き取るのか知りませんが、できれば何も話せなくても、看取ってくださる人たちに、にっこりして去りたいと思っています。

●「生涯の師」との出会い

私の博士論文のテーマは、「法然の思想」でした。浄土宗の信者でもない私が、それを論文のテーマに選んだ理由は、法然上人（一一三三―一二一二）が日本思想史の流れをひとりで転換したといえるぐらい大きな貢献をした人物であるにもかかわらず、その存在がアメリカの宗教学界であまり知られていないと思ったからです。

「非僧非俗」を宣言して、堂々と肉食妻帯を行動に移した親鸞聖人のほうが世間では注目されていますが、そういう親鸞が生まれてきた背景には、師・法然の革命的な思想があります。仏典を読むことも、戒律を保つことも、修行することも、一切不要である。ただ、ひたすら愚鈍に念仏を唱えれば、十人が十人、百人が百人、必ず極楽浄土に生まれ変わることができると、法然は断言したのです。

しかも、真面目に学問や修行を積んでいる僧侶よりも、むしろ教養も社会的地位もなく、素直に念仏の力を信じた者から救われていくと説いたので、これは精神世界の下剋上となりました。法然は一流の学僧でありながら、誰にでもわかるような言葉で深い思想を語ることのできる偉大なコミュニケーターでもあったので、貴賤を問わず、多くの人に慕われました。

燎原《りょうげん》の火のように念仏信仰が広がり、南都北嶺と呼ばれる奈良や京都にある大寺院の権威が弱まり、僧侶に供養する人々も減ってしまったので、法然は寺院と朝廷から組織的な弾圧を執拗に受けることになりました。

もともと法然は比叡山延暦寺で三十年間も修行と学問を積み、将来の天台座主候補と目されるほどの秀才であったにもかかわらず、潔く山を下りてしまったのは、権威主義的な寺院組織の状況と、一般民衆の現実的苦悩の間に絶望的な乖離を感じてしまったからです。法然の後に、親鸞、道元、日蓮などが登場してきて、いわゆる鎌倉仏教というのが誕生し、日本仏教の主軸がそれまで何百年も続いていた鎮護国家の貴族仏教から、個人救済の庶民宗教に切り変わることになりました。

しかしなんと言っても、最初に未開のジャングルに飛び込んで、道を切り開いたのは法然上人です。その思想史上の貢献を私は英語の論文できちんと証明しようとしたわけです。そしてそれは、とても幸運な選択でした。なぜならその後、法然という人物とその思想を研究するうちに、私はこの人を生涯の師としたいと思うほど、深く学ぶものがあったからです。

法然についての書物は何冊も刊行しましたが、彼が味わった宗教体験の本質はフィクションでしか描けないと気づき、小説を書くことにしました。『法然の涙』（講談社）執筆中は、法然上人の史蹟を訪ね歩き、知恩院にあるご霊廟にしばしば参詣し、木魚を叩きながら念仏を唱えました。私は、作品を学問的知識で書くのではなく、法然の魂に触れながら書きたいと思っていたからです。そのせいかどうかわかりませんが、執筆中には、よく人から「町田先生、お顔が法然さんそっくりになってきましたね」と言われたほどです。

私自身も、その頃から自分の生き方と法然さんの生き方が重なり合っている部分が多いなと気づくようになりました。現在も、まるで姿の見えない法然上人と「同行二人」で、人生を歩ませてもらっているような気になることがあります。

第6章で説明する「ありがとう禅」という人の声を利用した瞑想法も、口称念仏を樹立した法然上人との出会いがなければ、おそらく思いつかなかったことです。八百年以上前に亡くなった人物から、二十一世紀に生きる自分が大きな影響を受けている事実は、私に「死者の力」を強く感じさせる理由のひとつです。

第4章

人はなぜ生まれ変わるのか

●死者が町を歩いている

ここまで私自身の人生体験を引き合いに出しながら、あの世が厳然と存在し、生まれ変わりもあるという前提で話を進めてきました。それでも、科学的に実証不可能な事柄をあたかも当然のごとく語る私のスタンスに異論を唱える人も少なからずおられると思います。

それはそれで個人の心情の問題なので、強いて議論するほどのこともありません。私が個人的に親しくしている仲間にも、ほかのことでは意見が合っても、あの世や生まれ変わりのことだけは同意できないという人は、いくらでもいます。なおかつ、生まれ変わり説を支持される方の中にも、ひとつの疑問が残るはずです。それは、なぜそんなに何度も生まれ変わる必要があるのかということです。

結論から言えば、肉体を持った人間として、できるだけ多くの境遇を体験したほうが、魂の学びが大きいからです。すべては学習のためです。

例えば、王様と奴隷の立場を両方体験すれば、まったく異なった目線から人間世界のことを眺めることができます。片方の立場しか知らなければ、世界の見方に偏りができます。男であったり、女であったり、日本人であったり、フランス人であったりしたほうが、人間世界の多様な要素を、身をもって学習できます。

仏教にも、輪廻転生《りんねてんしょう》という考え方があり、人はこの世の苦しみを何度も繰り返すとされています。それがカルマであり、業《ごう》と呼ばれるものです。しかし、正しい修行をすれば、カルマが消え、涅槃に入ることができる、つまり輪廻転生の苦しみから逃れて、魂は永遠の平和に収まることができるとされています。

でも、私はそういう型にはまった考え方は、あまり好きではありません。宗教を信じたり、修行を重ねたりしなくても、カルマの消滅はできるはずです。人生に真摯に向き合っているかぎり、人は自然にカルマを消滅させていきます。ただ、それには途方もない時間がかかるという条件が付きます。

山から落ちてきた巨岩も渓流を流れ落ちるうちに、水圧で削られてだんだんと丸く小さくなっていきます。天文学的な時間がかかったとしても、最終的に砂になり、海に押し流されます。人間の魂も同じようなものであり、輪廻転生を繰り返して「個」が消え、生命の大海に溶け込んでいくまでには、膨大な時間がかかります。別な言い方をすれば、そこに到達するまで我々は死んでも死なないのです。

輪廻転生を信じようが信じまいが、そんなことはおかまいなしに、我々ひとりひとりが誰かの生まれ変わりです。死者が町を歩いていると言っても過言ではありません。もし我々が幽霊を目にしたら、さぞかしびっくりすると思いますが、幽霊の目から見たら、肉体を持っている我々の存在のほうが、あり得ないことが起きているわけですから、驚くべき存在なのかもしれません。

言ってみれば、死者というのは日没後の太陽みたいなもので、この世に生きる我々の目線から消えてしまっただけで、太陽は地球の反対側を照らしているのです。そして朝になると、またこちら側に眩しい光と共に、戻ってきます。生まれ変わりというのは、そんなに曖昧な話ではなく、当然の道理と言えます。

誰か、あるいは自分自身の生まれ変わりである我々は、この世に生きているうちに少しでも多くのことを学習し、魂を進化させる責任があります。なぜかと言えば、肉体が魂を進化させる最高の装置だからです。肉体が無ければ、病気やケガ、老化や障害もないわけですから、どれだけ生きるのが楽でしょう。この肉体という大変な荷物を背負って、我々はこの世に送り込まれています。

「人の一生は　重荷を負て　遠き道をゆくが如し」という徳川家康の言葉はよく知られていますが、彼は「重荷が人を作るのじゃぞ。身軽足軽では人はできぬ」とも言っています。つまり、辛くてもカルマは重いからこそ、人間的成長ができるのであり、すべてが順風満帆では、それが叶わないというわけです。離別、誤解、裏切り、闘争、借金、病気など、人間社会はこれでもか、これでもかというふうに両肩に重荷を載せてきます。しかし、それらの重荷は学ぶべきことを学べば、肩から降ろすことができる仕組みになっています。

寿命をまっとうしさえすれば、死もまたカルマの重荷からの解放であり、大いに祝福すべきことです。お葬式で、紅白の饅頭を配ってもいいくらいです。今の日本の葬式は、ずいぶん無機質なものになってしまいましたが、私はもっと楽しい葬式もあり得るのではないかと思っています。

その証拠に、「死は最高に喜ばしいこと」と考えられているバリ島では、葬式は村をあげてのお祭りとなります。裕福な人と貧しい人とでは葬式の規模や形式が異なりますが、どんな人の死でも、それなりのお金と時間をかけて、楽しい葬式が演出されます。葬式に泣き女が登場するのは、中国や韓国など儒教思想が伝わる国であり、イスラム国インドネシアにありながらも、濃厚なヒンドゥー文化を残しているバリ島の葬式では、誰もがニコニコと楽しそうにしています。

こういうポジティブな葬式の背景には、ヒンドゥー教の輪廻転生思想があるわけで、赤ちゃんが生まれるとお寺に連れていって、坊さんにその子が誰の生まれ変わりなのかを教えてもらう人もいます。つまり、私の「死者が町を歩いている」という考え方は、バリ島では常識なのです。自分の前世の家族がわかっていると、そこに遊びにいって、歓待してもらったりもします。

面白いのは、バリ島ではしばしば葬式と成人式が同時に営まれることです。その両者には生から死へ、子供から大人へと通過儀礼としての共通点があるからです。バリ島の成人式は、若者の犬歯を削る削歯儀礼ですが、その時点で動物が人間になると考えられています。日本の成人式は、自治体が運営するなんの霊的要素もないイベントに成り下がっているために、無意味に着飾った男女が集まり、中には空騒ぎで虚栄心を満たそうとする幼い若者が出てきたりして、毎年問題になります。葬式も成人式も空疎なものになったぶん、現代日本人の精神性もますます未熟になっているように思えてなりません。

●前世の記憶を持った人たち

バリ島のヒンドゥー教徒だけではなく、チベット仏教徒も前世の記憶を重視しています。ダライ・ラマが亡くなると、高僧がおおよその転生地を探し当て、その地域にいる子供の中で、先代のダライ・ラマの所持品を間違いなく言い当てた子が生まれ変わりと判断され、新しい法王となります。現ダライ・ラマ十四世は、自分の生まれ変わりは中国領土以外の場所に誕生すると断言していますが、中国政府が勝手に自分の生まれ変わりを捏造しないようにするために予防線を張っているのでしょう。

宗教とは関係なくても、世界には前世の記憶を持った人たちが少なからずいます。とくに子供のうちは、その記憶が残っているケースが数限りなくあります。我々全員が過去の記憶を持っていたはずなのですが、それが消えると、現世がすべてという考え方になってしまうのです。一説によると、母親の産道を通過する時に、前世の記憶が消されるらしいのですが、本当にそうなのかもしれません。

ただ、ごくわずかの子供たちは、二歳から五歳ぐらいまでかなり鮮明に前世の記憶をもっていたりします。そのことを科学的に調査したのが、ヴァージニア大学精神科主任教授だったイアン・スティーヴンソンです。彼は二千三百件ほどの事例を調査し、その研究結果を『前世を記憶する子どもたち』（日本教文社）という本にまとめています。

その本によれば、多くの子供たちが前世で死亡した時の場所、様子、居合わせた人物などを覚えています。自然死ではなく、事故や殺人などの非業の死をとげた男児に、そういうケースが多いそうですが、彼らは直接の死因となった乗り物、火、水、武器に対して、異常な恐怖心を抱いています。

生まれ変わりの最有力の証拠になるのは、子供たちが記憶する前世の肉体と同じ場所に現れるアザ、ホクロ、傷あとなどですが、ほかにも仕草や嗜好も継承されます。昔、酒・タバコ・セックスなどが好きな大人なら、早熟な子供として同じものに強い興味を示します。ごく稀に、前世で使っていた言語を覚えている子供もいます。最近、ようやく市民権を得るようになってきた性同一性障害も、過去において異なったジェンダーだったことに起因しているケースもあるように思います。

前世を記憶しているのは子供たちのほうが多いわけですが、もちろん、大人にもいます。公私にわたって、超多忙な私を後方支援してくれているS秘書もそのひとりです。彼女は一冊の本をあっという間に速読したり、何十人もの人の名前を一度で覚えてしまったりする特技の持ち主でもありますが、彼女の前世の記憶に関して興味深いことが現実に起きたので、ここで紹介しておきましょう。

S秘書は以前から、自分はヨーロッパのどこかの城にある牢獄に閉じ込められ、そこで亡くなった記憶があると言っていました。王女のネックレスを盗んだという嫌疑《けんぎ》をかけられ、弁明の余地もなく、捕らえられたらしいのです。彼女は当時、王室の下女だったのですが、城の晩餐会に出席した貴族の貴公子がたまたま彼女に親しげに話しかけたことが王女の嫉妬を買い、謂われなき罪を背負ったというのです。毎日、通っていた水汲み場から見える川の景色、そこに至る石畳の道、尋問を受けた石室の内部、近くの教会の鐘の音色などをよく覚えていると言います。

そんな根も葉もない話を聞かされても、私としては何とも対応のしようがありませんでした。彼女が勝手に作り上げた空想の可能性が大きかったし、たとえ万が一、事実だったとしても漠然と「ヨーロッパの城」というのでは、それを確かめる手立てもありませんでしたので、聞き流していました。

ところが、私が開発した「ありがとう禅」がフランス各地で開催されるようになり、たまたま中世の古城が数多くあることで有名なロワール州のブロワを訪れる機会がありました。瞑想後、世界遺産のブロワ城で地元紙のインタビューを受けることになり、足を運びました。城の中は確かに豪華絢爛で観光客も多いのですが、私は権力闘争のために暗殺もあったという城内が、あまりにも陰気なので息苦しさを覚え、そそくさと外に出ました。そしてその時、同行していた人たちからひとり離れて、城壁に聳える塔の中に入っていきました。後からついて来たS秘書が塔の前で大きな声を上げました。

「ここ、この監視塔！　牢屋に閉じ込められる前に、私はこの暗い石室で尋問を受けたんです。ああ、窓の形も私の見ていた通りだわ」

そう言って塔の中に入り、窓の外を見て「ああ、あの教会！」と彼女が叫んだ瞬間、偶然にもその教会から鐘が鳴り響いたのです。

「これ、たしかにこの鐘の音色。私はこれを聞いて、毎日祈ってたんです！」

以前からヨーロッパ各地で教会の鐘の音を聞くたびに、彼女が「これじゃないわ」と独り言を言っていたのを思い出しました。

「このお城の外には、右にカーブしている石畳の上り坂があって、その入り口の両脇に馬車をつなぐ丸い石があるはずです。そして道の右側には靴屋さん、左側にはパン屋さんがありました」

われわれの後から来たフランス人たちも、彼女の話を怪訝な顔をして聞いていましたが、誰もそんな石を見たことがないと言います。そこで我々は、それを実地検分することにしたのです。

彼女の記憶に従って城の周囲をあちこち探して回ると、何百年も前のことですから、靴屋やパン屋はありませんでしたが、右にカーブした石畳の道の両脇に馬車をつないだと思われる丸い石が存在していました。その石の突端に金具が付いていて、そこに馬をつなぎ止めたようです。さらにその先を歩いていくと、彼女が通っていた水汲み場跡もあり、そこからは確かに滔々と流れる美しいロワール河が見えました。

どうやら彼女の前世の記憶は正しかったことを認めざるを得ませんでしたが、それにしても無数にあるフランスの古城の中でも、偶然にブロワ城を訪れる必要性が私にできたというのも、どこまでも不思議な話です。そこにも「見えざるもの」の力が働いていたとしか思えません。

あとで思い出したことですが、前日、レンタカーでブロワ城の横を通り過ぎる時、彼女は突然、息苦しくなり、路傍に車を停めざるを得なかったのです。運転は私が代わり、宿に連れて帰ったのですが、まったく原因が不明のことで、首をかしげていたのです。「その城を訪問しなさい」というどこからかの知らせだったのかもしれません。

ところで、じつは彼女が思い出している過去は、当人が生きた前世のごく一部です。誰にも正確にはわからないことですが、恐らく人間は何十回、何百回と生まれ変わっているはずです。

●平家一門の弔い

自覚があるなしにかかわらず、誰でも例外なく、前世の記憶に背中を強く押されて、今日という日を生きているのではないでしょうか。なぜそういうことを言うのかと言えば、すでに前章で触れたように、私もまた意識したことがない前世からの記憶に突き動かされるようにして生きてきたからです。さらにここで、もう一例、個人的な体験談を告白しようと思いますが、いよいよ内容が怪しくなってくるので、単なる物語として読んで頂くだけで結構です。

私が東京に住んでいる頃、ある人から「町田先生は、平資盛《すけもり》の生まれ変わりなのです。ご自身の書いた写経が平家納経として厳島神社に残っているはずですよ。ですから、先生は一度、西のほうに移って、平家一門を弔わなくてはならない運命にあります」と言われたことがあります。平資盛とは清盛の孫であり、平家の全盛期から没落までを一身に味わい尽くした人物です。源義経らの軍勢に西へ西へと追われ、最後に壇ノ浦で入水《じゅすい》しています。

私は群馬のご先祖とは強いつながりを感じていましたが、平家一族とは何の縁もゆかりもありませんから、その話を聞いた時も右から左に聞き流していました。第一、当時教鞭を執っていた東京の大学を離れて、わざわざ地方の大学に移籍する考えは、当時、少しも持っていませんでした。

しかしその後、広島大学総合科学部に大学院が創設される際、「文明共存論という講座を開くことになったので、ぜひその講座を担当してほしい」と強い要請を受けることになったのです。文明共存論は、私がいちばん強く関心を抱いていた学問領域であり、しばし逡巡《しゅんじゅん》の後、その要請を受けることにしたのです。

いざ広島に引っ越してみると、人情もよく、食べ物もおいしいし、大いに気に入りました。しばらく職員宿舎暮らしをしたのですが、どうせならもう少し眺めのよい所に住みたいと考えていました。ただ、私には、他の条件はさておき、いつも住まいの眺望はよいほうがいいというこだわりがあったので、なかなか理想とする物件が見つかりませんでした。

赴任して二年後の元旦の初詣に、宮島の弥山に登った際、たまたま対岸にあるマンションが目に入ったとたん、「ぜひあそこに住みたい」という考えが浮かんだのです。帰り道に調べてみると運よく空き物件があったので、すぐにそこに引っ越しました。決して平家のことを意識して、その場所を選んだわけではありませんが、自宅からは清盛が建立した厳島神社の大鳥居が見え、あまたの平家武者が命を落とした瀬戸内海が目の前に広がっているのです。結局、その家の仏壇で私は毎日、お経を上げるようになったわけですから、平家一門の「死者の力」に引きずられるようにして、私はそこに暮らすようになったのかもしれません。

しかも本宅とは別に、福山市沼隈にある永照院という山寺も、ひょんなことから、それを建てた造船会社のご厚意で提供してもらうことになりました。檀家もないまったく自由な寺でしたので、私にとって絶好の隠れ家でした。朝は山の端から昇るご来光が見え、夜は月を眺めるにも最高の位置にありました。もし山上の景勝地に自分で別荘を建てていれば、莫大な費用がかかったはずですが、八年の長きにわたって私はそこに無償で住まわせて頂いたのです。

しかし、そこでも「死者の力」がしっかりと働いていたのです。周辺の山あいには平家の落ち武者部落が点在しており、清盛が交易のために造ったとされる鞆《とも》の浦の街もそう遠くないところにありました。そのことを知って以来、私は寺でお勤めをするたびに、大太鼓を打ちながら読経し、少しでも太鼓の音が周囲の山々に響き、平家一門の供養になることを願いました。

最近になって、私は再び広島から静岡に引っ越すことになったので、その前にきちんと平家供養をしたいと思い、宮島に渡りました。さて、どこでお経を上げればいいのかと考えながら島の中を散策したのですが、偶然にも厳島神社の裏手にある小高い山の上に、平家がお経を埋めた古い経塚を見つけることができました。あまり人が足を運ばないような場所ですが、滅亡していく平家一門の悲哀が凝縮しているようにも感じられる不思議な場所でした。

●業異熟ということ

私の個人的なエピソードはともかくとして、仏教は人間の生まれ変わりについて精緻なセオリーを用意しています。そのひとつが「業異熟《ごういじゅく》」という概念です。これは、過去に作ったカルマが時間差をもって熟してくる、つまり現実化してくるというものです。

もう少しわかりやすく言うと、人がこの世で経験していることは千年前の前世で作ったカルマ、五百年前に作ったカルマ、百年前に作ったカルマなどが幾つも幾つも重なり合って成立しているわけです。その組み合わせが無限であるため、人間の個性も千差万別ということになります。

カルマとは行為のことですが、一切の行為を記憶しているのが、「アラヤ識」です。これは「一切種子識」などと漢訳されているように、過去の行為を細大漏らさず記憶し、現在の現象を生みだす種子として無尽蔵に蓄えています。コンピューターで言えば、メモリーの容量に制限がないハードディスクみたいなものが、「アラヤ識」です。

この「アラヤ識」に蓄積された無数の記憶の種子が芽を出すのに、遅い早いの時間的ギャップがあるというのが、「業異熟」という考え方です。我々の生きている今という瞬間には、そういう幾つもの複雑なカルマが重なり合っているわけですから、少し悪い言い方をすれば、人間という存在は複合汚染みたいなものです。

そのことをはっきりと自覚していた親鸞聖人は、自分のことを「悲しきかな、垢障《くしょう》の凡愚」とか「地獄必定の凡夫」とかいうふうに呼んでいたのです。自分が抱え込んだカルマの深さを自覚しないかぎり、宗教心は芽生えません。それは、昔も今も変わらない真理です。

複合汚染的存在だから、人間は絶望的かと言えば、そうでもありません。なぜなら、その闇にこそ光が差してくるからです。闇が人間の本質的な愚かさや煩悩だとすれば、光とは救いであり、精神の目覚めです。人間は肉体を持つがゆえに悩みが尽きないのですが、その悩みがあるがゆえに悟ることもできるのです。

それは、泥がないと蓮の花が咲かないのと同じ原理です。白い紙に虫目鏡で太陽光線を集めて燃え上がらすためには、黒く塗りつぶした部分が必要です。大光明を得るためには、カルマも煩悩も不可欠です。だからこそ、「煩悩即菩提」というのです。

●カルマに光が差す

ところで、この「業異熟」という概念を深く研究されていたのが、仏教学者の玉城康四郎・東京大学名誉教授（一九一五―九九）でした。生前、私も親交のあった玉城先生は単に学問研究をするというのではなく、みずからも座禅を組み、深い禅定に入って、この概念の奥深いところを体験しておられたのです。

ダンマ・如来とは、形なき「いのち」そのものであり、言葉をこえた純粋生命である。業熟体とは、限りない以前から、生まれ替わり死に替わり、死に替わり生まれ替わり、輪廻転生しつつ、そのあいだに、生きとし生けるもの、ありとあらゆるものと交わりながら、いま、ここに実現している私自身の本質であり、同時に、宇宙共同体の結び目である。もっとも私的なるものであると同時に、もっとも公的なものである。

それは私自身でありながら、その根底は、底知れぬ深淵であり、無明であり、無智であり、黒闇であり、あくた、もくたであり、黒々とつらなっていく盲目の生命体である。それは私自身であると同時に、宇宙共同体である。

このような業熟体にこそ、ダンマ・如来、形なき「いのち」そのものが、顕わになり、通徹しつづける。それは、あらゆる形を超えながら、あらゆる形を包みこむ永遠の働きである。その働きの真っ只中で、その働きに全人格体を打ち任せながら禅定を行ずる。ブッダは、そう教えてくれるのである。

（『ダンマの顕現』大蔵出版）

玉城先生にとって禅定に入ることとは「全人格的思惟」にほかならず、それを通じて、黒々とした業熟体（「業異熟」が顕現してくる肉体のこと）の上に眩い光とともにダンマ（真理）が顕れてくることを日々、体験しておられたのです。

それだけの深い瞑想体験を重ねつつ、学問の研鑽を積んだ研究者は現代の学界においてはまことに稀有な存在であり、そこに先生の前人未踏の功績があると言って過言ではありません。

私は個人的にも、玉城先生との大切な思い出があります。渡米を決意した三十四歳の私が、日本でただひとり、どうしてもお会いしたいと思ったのが、玉城先生でした。それで杉並のご自宅に押しかけたのですが、先生はまったく素性の知れない私を温かく迎えてくださいました。玉城先生とお話ししていると、明鏡止水といった静寂が感じられ、プロの禅匠よりも威厳がありました。

今でも鮮烈に覚えているのは、お宅を辞去する際、玄関口で靴を履いていると、「ところで、町田君はどこの大学を出たのですか」と聞かれました。私がいちばん聞いてほしくない質問だったのですが、正直に「すみません。私には高卒の学歴しかありません」と答えると、即座に先生は、「それは良かった！　今どきの大学を出てしまうと、人間は思考力を失ってしまいますから、それは良かった」とおっしゃいました。それも、単なる慰めなどではなく、しみじみとおっしゃったのです。

こともあろうに東京大学名誉教授にびっくりするようなことを言われ、当時、自分の学歴のなさにコンプレックスを抱いていた私は、何かとても嬉しくなったのを覚えています。渡米後も、先生から何度か心の籠った励ましのお手紙を頂き、私は今もそれを大切にしています。

●アウグスティヌスの「記憶」

ところで、「業異熟」と似たような考えを持っていたのが、キリスト教最大の教父とされているアウグスティヌス（三五四—四三〇）です。敬虔なクリスチャンの母と異教徒の父との間に生まれた彼は、若い時に放蕩のかぎりを尽くし、同棲していた女性に私生児も産ませています。その後も性欲の問題が心に大きくのしかかっていた彼は、現代心理学でいう潜在意識のことを「記憶」と理解していたようです。

彼はその「記憶」を「洞窟」、「倉庫」、「密室」などとさまざまな名称で呼んでいました。そこから溢れ出てくるイメージに人生が翻弄されていると感じていた彼は、『告白』で次のように書き記しています。

記憶の力は偉大です。神よ、それはなにかしら恐るべきもの、深く無限に多様なものです。しかもそれこそは心であり、それこそはまさに、私自身なのです。（中略）それは複雑多様であり、まことにもってはかりしれない生命です。

（『告白』岩波文庫、服部英次郎訳）

アウグスティヌスは、信仰の力によって「記憶」という洞窟を突き抜け、光を見出そうとしていたのです。ですから彼は、「記憶は、自己を超えて神に出会う自己超越の場である」とも語っています。それは玉城先生が「業熟体」にダンマの光が照射してくると表現しているように、アウグスティヌスの「記憶」と仏教の「業異熟」という考えのあいだに相通じるものがあります。

私自身は、カルマの原因となる「記憶」は潜在意識の底辺に滞留していると理解しています。潜在意識のさらに奥にある無意識は、仏教でいう「仏性」であり、光の塊でもあります。潜在意識の「記憶」を突き抜けることによって、神やダンマという言葉で表現される「無意識の光」に遭遇することができるのです。臨死体験者がトンネルの先に遭遇する光とは、じつは「無意識の光」でもあるのです。

「無意識の光」とは、生死の境目を超えた無限の愛であり、神そのものであると言っても過言ではありません。その存在に気づけば、宗教も道徳も要りません。『法句経』に「自灯明、法灯明」という言葉がありますが、まさに「無意識の光」がすべての人に内在しているために、自分自身が暗夜の灯火になり得るのです。京都に平等院というお寺がありますが、この不公平な現実にあって、唯一平等なものと言えば、誰もが等しく「無意識の光」を内包していることです。その単純な事実に気づかないうちは、あちこちの宗教やスピリチュアル・セミナーを遍歴してしまうのです。

人は虐待や裏切りなど、とても嫌な目に遭って、自分は深く傷ついていると言ったりしますが、それは一種の思い込みです。「無意識の光」においては、誰もまったく傷ついていません。傷ついているのは潜在意識であって、無意識は無傷のままです。

アウグスティヌスが「記憶」を通り抜けることによってのみ神に出会える、あるいは玉城先生が業熟体を「ダンマの光」が照らすと表現したように、傷ついた潜在意識の先に待ち構えているのが、「無意識の光」です。それに遭遇するかどうかは、個人の意思の問題です。

現代の精神医学では、トラウマとかＰＴＳＤ（心的外傷後ストレス障害）とか、いろんな病名をつけて、人間のちょっとした心理傾向を精神疾患にしてしまいますが、それは潜在意識レベルでの観察に過ぎず、私なりの言い方をすれば一種の誤診です。ひとたび潜在意識にフォーカスしてしまえば、誰も幸福など手に入れようもないのです。なぜなら、潜在意識は否定的な「記憶」の巣窟であり、そこに焦点を当ててしまうと、その暗い「記憶」が現実に投影されてしまうからです。

「無意識の光」に出会えば、どれほど否定的な「記憶」も陽光に照らされた氷塊のように、たちどころに溶けてしまいます。なのに、その光をブロックしているのは、潜在意識の濁りです。その濁りをどうすれば、浄化できるのか、それは本書の最後のほうで論じたいと思います。

●キリスト教へのノスタルジア

第３章で子供の頃、キリスト教会によく出入りしていた話をしました。おかしな話ですが、中学校二年生で仏門に入ったあとも、お寺から通っていた高校では聖書研究会に属したりしていました。不思議なことだと自分でも思っていましたが、それほど聖書に興味があったのです。

高校卒業後、仏教系の大学に一年あまり在籍したのですが、その時も仏教の勉強ではなく、当時、古典ラテン語の最高権威と言われた水野有庸《ありつね》博士に師事しました。学生は私ひとりだったのに、先生は黒板の隅から隅まで小さな字でていねいに板書をされ、毎回、熱気のほとばしるラテン語の授業をしてくださいました。

授業の終わりに近づくと、先生はせっかく全面に板書されたすべての文章を消し、そこに毎回異なった一篇の古典ラテン詩を大書されたのです。そして、それを歌うようにして、うっとりとして朗読されるのです。その後、私もそれを読まされるのですが、ヘクサメトロス（六歩格）の韻を間違えたりすると、厳しく叱られました。

optima quaeque dies miseris mortalibus aeui prima fugit, subeunt morbi tristisque senectus et labor, et durae rapit inclementia mortis.

哀れな死すべき生き物にとって、各々の最良の日々はいち早く逃げ去る。病気と悲しい老年と苦しみが後に続き、厳格で非情な死の定めが生を奪い去る。

（ウェルギリウス『農耕詩』）

そういう水野先生の古典ラテン語への情熱には、一種の狂気のようなものを感じましたが、私は先生の学問に向き合う真摯な態度に何か深く感じるものがありました。それが、十数年後の留学志望にもつながっていったのだと思います。それにしても現代日本で古代ローマ人が使っていた言語を学んだところで、ほとんど何の役にも立たないことに多大なエネルギーを注ぎ込んでいる自分が不可解でなりませんでした。

三十代半ばで米国留学を果たした先も、神学部でした。そうなれば、朝から晩まで、どっぷりと専門的なキリスト教神学の研究に浸るわけで、興味本位で聖書を読むといった程度の話ではすまなくなりました。いろんな講義を取りましたが、今でも覚えているのは、聖書学演習です。教授と学生三人がテーブルを囲んでの授業でしたので、気の抜きようもありませんでした。

しかも一回の授業で聖書の数行も進まず、一言一句の歴史的意味を丹念に探る本格的な聖書解釈学でした。もともと大雑把な私にとっては、胃がキリキリと痛むような綿密さでしたが、「なんで元坊主だった自分が、ここまでしなくちゃならないのか」と心の中で自問自答していました。

その答えが、ようやく見つかったのは五十を越えてからでした。国立シンガポール大学から東京外国語大学に移ったとたん、中嶋嶺雄学長からヨーロッパの大学における単位互換制度を調べてきてほしいと、ヨーロッパ数か国に派遣されました。アイルランドのトリニティ・カレッジという古い大学を訪問した時、ダブリン郊外のグレンダーロッホ村に、六世紀頃の初期キリスト教会の遺跡が残っていると聞いたので、足を延ばすことにしたのです。

ダブリンからバスで移動し、村のペンションに泊まることにしました。夕食まで時間があったので、ひとりで散歩に出かけました。遺跡は明日行けばいいと思い、付近の森を散策しました。暗い森を抜け、羊が群がる牧場を横切り、見知らぬ土地の風景を楽しんでいました。

ところが、知らず知らずのうちに、翌日訪ねる予定だった遺跡まで来てしまったのです。牧場の柵の中にぽつんと建っている小さなチャペルを見つけました。あまりに可憐な教会だったので、柵を越えて近づいていったのですが、そこには屋根も何もなく、石の壁だけが残っていました。それでも中央の祭壇があったと思われる場所に向かって、般若心経を上げました。

小雨が降っていたように思うのですが、崩れ落ちた窓のところにイエスが微笑みながら立っておられるような気がしました。それは、あくまで私の想像の域を超えないものでしたが、お経を読み上げてからしばらくすると、とても不思議な感覚に見舞われました。

「私はここで修道士として暮らしていた」

それは霊感でも思い込みでもなく、確信に満ちた透明な感覚でした。そのとたん、標識も何もない山道を歩いて、そこに辿り着いたことにも納得できました。

「そうだ。私は、かつてあの道を何百遍となく通っていたのだ」

私の頭ではなく、体が覚えていたのです。それだけでなく、自分が修道士だったことに納得したとたん、子供の頃から聖書に興味を持ち、ラテン語まで学んだ理由がぜんぶ理解できました。当時の修道士は、聖書をラテン語で読んでいたのです。

現在の私は、あり得ないような経緯から仏教とキリスト教の双方を学ぶ機会を与えられた自分には、「東西思想の融合」という使命があると自覚しています。それは、個人的な野心ではなく、生きているかぎり私が果たすべき使命なのです。

私とキリスト教との関わりについて、もうひとつ驚くべき事実があります。それは、第3章でふれた羊太夫のことです。彼には不思議な伝説が幾つもありますが、そのひとつが彼は仏教も大切にする一方、クリスチャンだったかもしれないというものです。

これは荒唐無稽なことではなく、それなりの歴史的可能性があります。江戸中期の平戸藩藩主にして学者だった松浦静山が言い出したことですが、多胡碑《たご》の横にあった石槨《せっかく》には「JNRI」という文字が刻まれ、碑の下からは十字架も発見されたらしいのです。つまり、「JNRI」はラテン語のJesus Nazarenus, Rex Iudaeorum（ユダヤ人の王ナザレのイエス）の頭文字であり、羊太夫がネストリウス派キリスト教徒だったという説が登場してきたのです。

すでに景教（キリスト教ネストリウス派）はペルシアから唐代中国に伝わっており、唐の都には大秦寺という景教の寺院が存在し、日本に帰化した秦氏《はた》も景教を信奉していたとされています。もしも多胡郡の古代寺院の考古学的研究が進み、大秦寺との共通性が明らかになれば、七世紀頃には日本にはすでにキリスト教が伝わっていたことが証明できます。

多胡郡という地名も、多くの胡人、つまり外国人が定着していた地域であることを示しています。厳密には胡人は、中国北方のモンゴル系民族を指しますので、中央アジア経由でもたらされた景教の影響を最初に受けた人たちです。

実際に、中国では景教がモンゴル系住民のあいだに広がっていたことが判明しており、羊太夫もその名前から、モンゴル人の血を引いていた可能性があります。私は子供の折、何度か京都から父親の実家がある群馬に連れられていったことがありますが、そのたびに群馬の人たちの顔が異様に大きなことに不思議な思いをした記憶があります。今に思えば、モンゴルの人たちと同じ骨格なのです。

さらにネストリウス派というのは、父と子と聖霊の三位一体説を否定するところに特徴があるのですが、私も神学的にはそれを否定する立場にあるのも、不思議と言えば不思議です。残念ながら、多胡碑を含めた歴史的遺物が戦争中、被災を避けて地中に埋められていた経緯もあり、その後、羊太夫クリスチャン説を裏づける証拠となるものは発見されておらず、単なる伝説に過ぎないのかもしれません。

それでも、もし二十一世紀に生きる私に、八世紀に生きた羊太夫の魂が乗り移ってきたとすれば、まさに『三国志』にある「死せる孔明、生ける仲達を走らす」という故事のような話です。私には、中世キリスト教会によって歪められたキリスト像ではなく、人間イエスの赤裸々な姿を小説として描いてみたいという積年の思いがあるのですが、どうやら私とキリスト教のご縁は、生涯続くような予感がしています。

●魂は細胞分裂する

人間の生まれ変わりのメカニズムに関して、ひとつ不可解なことがあります。それは、どうして過去に生きたひとりの人間が複数の人間に生まれ変わるのかということです。たとえば、美輪明宏さんは「自分は天草四郎の生まれ変わりだ」と言っています。それがもし本当だとしても、彼だけが天草四郎の生まれ変わりというわけではなく、世界中に同じ生まれ変わりが何人もいる可能性があります。

それと同時に、ひとりの人間が過去の同時代に生きた複数の人たちの生まれ変わりということもあり得ます。ここまで本書を辛抱強く読んでくださった読者の中には、私が過去世において、古い順から言えばアイルランドの修道士・群馬の羊太夫・砂漠の国の王・壇ノ浦の平資盛だったかもしれないという話を聞かされて、「デタラメ言うのも、いい加減にせよ」とお思いの方もいらっしゃるかもしれません。

しかし輪廻転生の法則を知れば、やはりあり得る話なのです。ひとつの細胞がいくつもの細胞に分裂することは、生物学の常識です。それと同じことが、死者の魂にも存在するわけです。死後の魂は細胞分裂しながら、異なったタイミングで転生していくからです。先述した「業異熟」という観点からも、輪廻転生は単細胞的に起きるのではなく、一個の人間に重層的なカルマが凝縮していることになります。地球上の人口は増えたり、減ったりしていますが、それは亡くなった人の生まれ変わりの周期に長短があることと、魂の細胞分裂というメカニズムで説明がつきます。

神道でも、神霊の細胞分裂があり、分霊《わけみたま》と呼ばれています。熊野や出雲という名のつく神社は全国に何百とありますが、本宮に祀られているご神霊が勧請を受けて、各地に分霊として祀られているわけです。分霊現象は、神々だけに起きるわけではなく、人間にも起きることです。私が死んだら、私の魂は将来、この世の複数の人間に入り込んで、私の思いをとげようとするかもしれません。想念の強い人のほうが、死後に分霊現象が起きる可能性は高いと思われます。なぜなら、その想念が現実化するまで、その人の魂は満足することがないからです。

人間が生まれ変わり死に変わりして、いろんなことを体験していくのは、個人の魂の成長のためですが、究極的には多様な体験を積むことは、他者の立場を理解することにつながっていきます。そうすれば、現在、対立や闘争があるところにも、やがて和解が訪れます。和解は知的な認識だけでは実現せず、個々人が体験を通じて、他者の立場に深く共感した時にのみ成立します。家庭における小さな夫婦喧嘩でも、同じことが言えますが、和解とは相互の共感にほかなりません。

●死者は文明を語る

現代世界を見渡せば、あらゆる対立や闘争が渦巻いていますが、それは我々の精神が未熟なため、他者に共感できないからです。他者の立場を少しばかり思いやるだけで、どれだけ無駄な軋轢が消えることでしょう。とくに自分が盲信するイデオロギーのために、不特定多数の人間の命を殺《あや》めるテロ行為などは、どこまでも未熟な人間の愚行であり、その被害者だけでなく、加害者をも大きな不幸のスパイラルに追い込むことになります。

核兵器なども、まったく無用の長物であるにもかかわらず、各国が増強している現実は、地球上に生きる人類の未熟さを如実に物語っています。現存する一万七千発以上の核兵器を使えば、人類を何十回も殺せます。広島と長崎であれほどの悲惨さを目の当たりにしているはずなのに、そこから何も学び取っていない人類の先行きは決して明るくありません。

私はイギリス南西部のコーンウォール州をドライブしている時、ミニオンという小さな村で、偶然、巨大な古代遺跡に遭遇したことがあります。山上に何十トンもある皿状の巨石をタワーのように、しかも逆円錐形に積み上げたもので、おそらく現代の最新式土木技術を使っても建設不可能な構築物が、周辺の山々に多数存在します。中には平たい巨石と巨石のあいだに小さな石ころ三個ほどが挟まれているだけで、全体が支えられているものもあり、少し触れれば崩れ落ちそうに見えるのですが、その上に乗ってもビクともしません。

聞くところによると、その地方のあちこちに残っているケルト遺跡よりも、はるかに古いものだそうで、巨石を使ったストーンサークルやストーンヘンジとも異質なものに思え、まったく理解を超えた存在に唖然とするばかりでした。

村に置かれていた関連書物に目を通してみたのですが、その起源について納得のいく説明をしたものはありませんでした。巨人が積み上げたという村の伝説はともかく、浸食によってできたとする地質学者の陳腐な説は、浅はかな常識的知識で事実を完全に捏造するものと思いました。周囲に川も海もない海抜数百メートルの山上に、浸食現象など絶対に起き得ないことです。

少なくともはっきりと言えることは、いつの時代かわからないにしても、あれだけのものを作り得る高度な文明人が地球上にいたということです。しかし、その高度な文明も滅びてしまい、我々の記憶からも完全に消えてしまっているのです。何者か敵対する勢力が、高度な文明の存在意義を理解することなく、力にまかせて、それを破壊したのではないでしょうか。

圧倒的な軍事力を有していたものの、文化的には野卑なローマ軍が、ギリシア、ペルシア、キリスト教など、より繊細な文化を破壊したようなことは、東西の歴史上、幾度となく繰り返されてきたことであり、二十一世紀の現代においても、我々は同じことを繰り返そうとしているのではないかというのが、見事な遺跡を目の当たりにして得た私の直観でした。

そういう文明崩壊を避けるためにも、我々は謙虚に自分たちの知覚能力の限界を認め、「見えざるもの」への理解と共感を深めることによって、他者との和解に向かって歩みを進めるべきなのです。

そういう意味で私の死者論は、文明論でもあるのです。

●恵みの敗者復活戦

人間が何度も生まれ変わるという意味の輪廻転生という仏教用語には、まるで我々が前世で悪いことをしたペナルティとして、この世の苦しみを嘗めさせられているというような、なんとなく否定的なニュアンスがあります。

でも事実は、そうではありません。我々が生まれ変わり、死に変わりするのは、何度失敗しても、成功するまで繰り返しチャンスを与えられているようなものですから、「恵みの敗者復活戦」と言えます。スポーツの試合なら一度敗退すれば、それで終わりなのに、これはありがたいことです。

これほど敗者復活戦を繰り返すことで、何に勝ちを収めたいかと言うと、魂の進化に成功したいわけです。魂の進化という観点に立てば、今与えられている現実を真剣に生きることは、とても大切です。しかしだからと言って、勝負は一回戦ではないので、あまりに深刻になる必要もないはずです。頑張るだけ頑張って今生でやりとげることができなければ、次回のお楽しみにしてもいいからです。

それにしても、人間はいったい何度生まれ変わるのでしょうか？　それには恐らく個人差があると思います。生まれ変わりの回数が多ければ、それだけ魂の学びの機会が多かったわけですから、より成熟した人間になっている可能性があります。

幼くして亡くなってしまう子供たちも、この娑婆世界に長く留まる必要がない進化した魂かもしれません。我々劣等生は、この世という学校に長く残されて補習授業を受けさせられるのですが、できのいい優等生は、さっさと勉強をすませて、家に帰るようなものです。親にとって、愛する子の死ほど理不尽で辛いことはありませんが、そこにも厳然と、生まれ変わりの法則が働いているはずです。

反対に、我々は学習能力が低いから短い周期で何度も生まれ変わりを体験させられているとも考えられます。何百年も前の古い魂が生まれ変わった人には、優れた人格者が多いとされているのはそのためです。この世に何度も修行に来なくてよいぐらい生前から精神性が高かったわけですが、さらに自分自身の一段の向上と、他者を助け励ますために生まれ変わっている可能性があります。

そういうケースを仏教では「菩薩示現《ぼさつじげん》」といいます。菩薩のような高い精神性を持って、この世に生まれ変わっている人物もいます。そして今生では、マザー・テレサのように献身的に他者に尽くすことを使命とします。否、彼女のような世界的な著名人ではなくても、一主婦として家族に尽くすことで菩薩行をまっとうしている人も無数におられます。

しかし、つねに利他的な生き方をする人物だけが「菩薩示現」とは限りません。障害者のように、むしろ他者の支援を不可欠とするような生き方をしている人もいます。その人は、そういう境遇に生まれることによって、他者の気づきを啓発する使命があります。障害者の中には、驚くような高い霊性を持った人がままおられるのは、そのためです。

常識的には信じられない「菩薩示現」もあります。それは、犯罪者という反社会的な人物としてこの世に登場している可能性があることです。それは、本人自身、あるいは関係する人間の罪を償うために、あえてそのような立場を取っているかもしれないということです。あの世のことには、この世の常識では不可解なことが、きっとたくさんあるはずです。

誤解のないように言っておけば、犯罪者の大半は菩薩どころか、邪悪な想念の犠牲になり、この世の悪魔と化している人たちでしょう。しかし、そういう人たちも何度も生まれ変わり死に変わりするうちに、学びの機会を得て、人間本来の光を放つ存在になっていく希望があります。

●不遇の死を乗り越える

日本では、悲しいことに毎年三万人前後の人々がみずから命を絶っています。東京に暮らしていれば、「人身事故」で電車が止まることは日常茶飯事になっています。すでに家族の中から自殺者を出し、そのことで苦しんでおられる方も多数おられます。家族に大きな心の傷を与えてしまう自殺は、絶対避けるべきです。

どんなに苦しくても、「待てば海路の日和あり」ということもあります。カトリック修道女の渡辺和子さんも、「苦しいからこそ、もうちょっと生きてみる」（『置かれた場所で咲きなさい』）と、粘り強さを訴えています。

精神疾患の生涯有病率で言えば、アメリカは五〇パーセント近い割合、つまり国民の半分がなんらかのメンタルヘルス上の問題を抱えているのですが、自殺率で言えば世界五十位。日本の生涯有病率は一八パーセントですが、自殺率は世界十七位。ここにそれぞれの国民性が、反映されています。アメリカ人は深い悩みを抱えても、容易には自殺をしないわけです。そこにはキリスト教文化の影響もありますが、人間的にも日本人より粘り強いのではないかと思います。ただし、同じキリスト教徒が多いはずの韓国では自殺率が、なんと世界第二位です。学歴を異様に偏重し、現世的な成功を過大評価するいびつな競争社会が招いている悲劇と言わざるを得ません。

恐らく日本人は何事にも淡泊なぶん、諦めが早いのかもしれません。その傾向は自殺に限らず、ビジネスやスポーツの世界でも観察されます。もう少しの頑張りで、結果が大きく異なってくるところを諦めてしまうわけです。

自殺したいほど辛いことがあっても、この肉体を授かった現世で一日でも生きながらえること自体が、我々の魂にとって最高の修行になるのではないでしょうか。いつの日か誰もが絶対確実に死ねるわけですから、みずから与えられた命を絶つことは、もったいない話です。

自殺未遂者の臨死体験報告によれば、他の報告とは異なって、不思議な光との遭遇がないとされています。この世での辛い記憶を持ったまま、いつまでも闇の中に閉ざされている可能性が大きいと思われます。「恵みの敗者復活戦」という観点からも、自殺はせっかく与えられた生を自ら絶つわけですから、悲観的な想念の渦に留まってしまい、次回のチャンスがなかなか与えられないのではないかと思います。

自殺したいと思い詰めるようなことがあれば、もう一切努力するのを止めて、ただデクノボーのように生きるという選択肢もあります。古代ローマの哲学者キケロも、「時間が和らげてくれぬような悲しみは、ひとつもない」と言っていますが、生きながらえてさえいれば、喜びもあるだろうし、いつかは必ず自然に死ねます。死を楽しみに生きるという生き方もあるはずです。私は、病気などで寝たきりになってしまった人が選択する安楽死に必ずしも対反対する者ではありませんが、明確な意識があるかぎり、この世に踏ん張るべきだと思います。

もしも身内に自殺された方がいるならば、真剣にその人のことを想い、その人が感じていた心の痛みを自分の生き様を通じて、昇華していく必要があります。それは大変勇気のいることですが、最高の供養は今、この世に残された人間の日々を逞しく生き抜いていくところにあります。
自殺だけではありません。事件などで他者に命を殺められてしまった方も、この世への強い執着や加害者に対して怨念を持ったまま亡くなられた可能性があります。あの世に行っても、怒りや恨みから解放されずに同じ想念に閉じ込められているとしたら、それは二重の悲劇であり、とても悲しいことです。だからこそ、そういう場合、生きている者は真摯に死者のことを思い、その成仏を祈ってあげるのがよいと思います。この場合の祈りとは、自分自身が、強く逞しく生きることです。ユダヤ教の聖典『タルムード』に素晴らしい言葉が記されています。

立派な生き方をせよ。それが最大の復讐だ。

不遇の死という大きな悲劇への復讐は、残された者の生き方次第で決まることになります。世間体などを気にして、肩身の狭い思いをして暮らしてしまっては、かえって故人の霊的成長を妨げます。親しい人や愛する人が、とうてい受け入れ難い死に方をした場合、悲しみを乗り越えるに相当な時間が必要だと思いますが、できれば悲観することよりも、死者を心から供養することにエネルギーを使うべきでしょう。昔話の「鶴の恩返し」の鶴のように、癒された死者の魂はこの世に舞い戻り、必ず現世に生きる者の力になってくれると思います。

第5章

「見えざるもの」と人間の幸せ

●水木しげるの「幸福七カ条」

二〇一五年十一月に、九十三歳で亡くなられた水木しげるさんは、現代日本における不世出の漫画家と言って過言ではありません。その水木さんの漫画の原点になっているのは、鳥取の境港に暮らしていた幼少期に、まかない婦から聞かせてもらった妖怪の話です。幼い魂に刷り込まれた元型的イメージと、ニューギニア戦地での生死をさまようような壮絶な戦争体験が混ぜ合わされて、水木しげるさんの卓越した想像力が生み出されたものと思われます。そういう彼が書き残した「幸福の七カ条」は、含蓄に富んでいます。

「幸福の七カ条」
第一条：成功や栄誉や勝ち負けを目的に、ことを行ってはいけない。
第二条：しないではいられないことをし続けなさい。
第三条：他人との比較ではない、あくまで自分の楽しさを追及すべし。
第四条：好きの力を信じる。
第五条：才能と収入は別、努力は人を裏切ると心得よ。
第六条：怠け者になりなさい。
第七条：目に見えない世界を信じる。

（『水木サンの幸福論』角川文庫）

異界の生き物を友として生き抜かれた稀代の漫画家だけのことはあって、常識に縛られない信条をお持ちだったことがわかります。個人的には、私は第六条の「怠け者になりなさい」が好きです。自分が好きでもないことを世間のペースに合わせてやっているかぎり、怠け者にはなれないような気がします。自分が大好きなことを自分流にやっている人だけが、真に怠け者になり得るのです。

しかし、最も深い真理を突いているのは、第七条の「目に見えない世界を信じる」です。水木さんご本人も、これを最後の条とされたのは、いちばん大事だと思っておられたからではないでしょうか。幸福は、「目に見えない世界」にこそ潜んでいるのです。これを反対から言えば、「目に見える世界」だけを見ていると、幸せになれないということでもあります。

サン゠テグジュペリの名作『星の王子さま』にも、「じゃあ、秘密を教えるよ。とても簡単なことだ。ものごとはね、心で見なくてはよく見えない。本当に大切なことは、目には見えないんだ」という、キツネが王子に聞かせる有名なセリフがあります。「目に見えない世界」のことを頭から疑ってかかる人は、自分で自分の生きる世界を小さくしているだけではなく、いちばん大切なものに気づいていないのかもしれません。

●死者・神仏・自然は三位一体

私は、「見えざるもの」には三種類あると考えています。ひとつ目は「死者の力」、ふたつ目は「神仏の力」、そして三つ目が「自然の霊力」です。その三つは別々のようでありながら、深いところでつながっているように思います。しかもそれらは、信じるとか信じないとかの主観的な問題ではなく、物理的とも言える確かなエネルギーを備えています。

いずれもまったく目に見えざるものですが、目に見えないから存在しないと決めつけるのは、浅薄で一面的な判断です。科学的実証ができない曖昧なものをすぐに迷信扱いしてしまうのは、それらの実在を感じるだけの感性を我々頭デッカチの現代人が喪失してしまっているためです。

すでに話したことですが、電気も目に見えませんが、この近代社会を根底から支えています。目に見えない電気の存在を確かめるためには、まずスイッチを入れてみるのが手っ取り早い方法です。明かりがつき、洗濯機が回り始めます。同様に、「見えざるもの」の存在を確かめるには、まずそれを使ってみることです。

ミクロネシアの先住民社会では、「見えざるもの」はマナと呼ばれて、大切にされてきました。マナはミクロネシア語で「霊力」を意味しますが、南太平洋の島民たちは彼らの生活上の柱であるカヌーにシャーマンが祈禱をして、マナを入れると、無事に航海ができ、漁獲にも恵まれると信じていました。

その後、世界各地の先住民のあいだでも、マナと同じ概念が存在することが判明し、今では民俗学の分野でも、ごくふつうにマナという言葉が使われています。日本でも、神仏に捧げる神聖な水を汲みだす井戸を「真名井」と呼んだりします。それは「力のある水」が湧き出す井戸のことを意味するのではないでしょうか。

本書では、このマナのことをあえて「マナ・パワー」と呼ぶことにします。昔の人は「マナ・パワー」を取り込むと、ふつうの人間でも尋常ならぬ力を発揮すると信じていました。実際に現代でも、そういう考え方が機能している面もあります。

例えば、商売をやっていても「マナ・パワー」がある店には、なぜかお客が多く足を運ぶことになりますし、それが無ければ、どんな店を開いても、客足が途絶えてしまいます。そもそも不動産の売買の折に参考にしたりする風水術というのも、良質の「マナ・パワー」が凝縮している場所を見極める方法として伝わっています。

水商売をやっている女性が角界の力士の体に触れると、客入りがよくなるという験をかつぐのも、力勝負をしている関取の「マナ・パワー」を取り込もうとしているわけです。他人にとっては、まったくの迷信にすぎないわけですが、そういう行為をする女性は、今もたくさんおられます。

宗教学では、あの世とこの世をつなぐ役割をしているものをヒエロファニー（聖体示現）と呼びます。例えば、ひと口に霊山と言っても、どこにでもある山のひとつですが、そこには特別な神様がいると信じられると、ヒエロファニーになります。教会や寺院もこの世に存在する建築物であり、人間が作ったものですが、そこに神仏が降臨すると信じている人にとっては、ヒエロファニーとなります。

そして、ヒエロファニーがヒエロファニーとして、きちんと機能していれば、そこには必ず「マナ・パワー」が備わっています。「見えざるもの」である「マナ・パワー」をどう感じ、どう生活に役立てていくか、そこに我々が真に幸福になるための鍵が潜んでいるように思えてなりません。

●お墓参りは無駄足にはならない

死者も「マナ・パワー」を発揮します。それをいちばん受けやすいのは、墓地です。よくお墓参りすると、いいことがあると言われたりしますが、それは一概に迷信とは言えません。お参りした人間が、死者から「マナ・パワー」を受け取り、今まで以上に能力を発揮するのかもしれません。

死者の霊がいつもお墓にいるとは思いませんが、お墓はあの世とこの世を結ぶヒエロファニーですから、そこに真摯にお参りすることは意味のあることです。たいていの人にとっては、お墓は自宅から遠くにあり、そこまで出かけていくのは、結構大変です。ですが、時々は遠路を厭わず足を運び、墓地の除草をしたり、墓石を洗ったりすれば、きっとよいことがあるはずです。

せっかく出かけたお墓では、「死者は死んでいない」ことを強く意識することが大切です。そうすれば、お掃除のやり甲斐があります。もっとも、いつも見返りを期待しながら、お墓掃除をするというのは打算的ですから、ひたすら「ありがとう」の気持ちでするべきでしょう。

お墓参りのあとの清々しい気分は多くの方が体験されていると思いますが、それは供養を受けた人も喜んでいる証しではないでしょうか。やはり、死者は死んでいないのです。もし家庭や仕事のことで悩むことがあれば、その気持ちを親しい人の墓前で伝えれば、そのうち解決の糸口が見つかるかもしれません。

とくに経営者は、企業の発展という大きな責任を背負っていますが、創業者や功労者の墓前に時々は足を運ぶと、きっと「おかげ」としての「マナ・パワー」を頂けます。そのおかげで商談成立などという外的な形で来るのか、自分の中のインスピレーションで来るのか、時によって異なりますが、墓参に無駄足というのはないはずです。経営者が自分ひとりの力で何事もやり抜こうとして、死者を大切にしないとなれば、そこに危うさを感じます。企業に不祥事が起きると、幹部がメディアのカメラの前で頭を下げる光景がよく報道されますが、そういうことが起きないように、つねに先人に向かって謙虚に頭を下げ、透明な気持ちで経営判断を下すべきです。

死者の霊は、肉体を持つ我々のように、時間や空間の制約を受けませんから、その気になれば、どこにでも応援に来てくれます。そのことを強く信じて、お願いすることです。「こちらの祈りが届くかなあ、どうかなあ」という曖昧な気持ちでは、祈りのスイッチが入りません。ラジオのチューニングでも周波数が外れていると、雑音が入り、希望の放送が聴けません。それと同じことです。

●仏壇をおろそかにしてはならない

「死者の力」の応援を受けるためには、お墓だけではなく、仏壇も大切です。仏壇もまた、あの世とこの世のつなぎ目としてのれっきとしたヒエロファニーです。自分の家から葬式を出したことがないので、仏壇は不要と考えている人が少なからずおられるようですが、仏壇は死者を祀るだけでなく、目には見えない「マナ・パワー」を日常生活空間に取り込むためのパワースポットですから、いずれの家庭にも、無いよりもあったほうがよいように思います。自分の好きな仏像や先祖代々の位牌をお祀りすれば、ヒエロファニーとして機能します。

昔の人は、せっせと仏壇や仏具を磨かれたものです。一家の当主しか、それをしてはならないという慣習が残っているところもあるようです。ご先祖への感謝の念を仏壇磨きという形で表現されたのでしょう。今でもそういう習慣をお持ちの方もおられるかと思いますが、それは単なる気休めではありません。確かにご先祖は、喜ばれているはずです。我々だって、埃だらけの家に暮らすのは、気持ちのいいものではありませんが、亡くなった人も同じ感覚を持っているはずです。

私は人の家に招かれると、よく仏壇にご挨拶させて頂きます。その人の家を訪れるということは、ご先祖を訪れることでもあるからです。目には見えなくても、ご先祖も私を迎えてくださっているという感覚がありますから、どうしても手を合わせたくなるのです。そういう時に、埃だらけの仏壇に遭遇してしまうと、その家族がご先祖との確かなつながりを忘れ、死者の「マナ・パワー」を疎かにしていると思え、寂しい気持ちになります。生の充実は、死を疎かにしてはあり得ないことです。

墓前にせよ、仏壇にせよ、カメラのレンズをフォーカスするように、ご先祖の存在にピタッと意識を合わせる必要があります。それには、「死者は死んでいない」という強い意識を持つことが大切なのです。

●死者と一緒に踊る盆踊り

夏になると全国各地で盆踊りが催されます。これも単に地域住民の交流を促進するためのイベントではなく、死者の「マナ・パワー」を取り込む恰好のチャンスです。ひと昔前と比べると減少気味ですが、これは現代人をもっと元気にするために、とても大事な行事だと思います。

日本三大盆踊りのひとつ、徳島の阿波踊りでは「えらいやっちゃ、えらいやっちゃ、ヨイヨイヨイヨイ、踊る阿呆に見る阿呆、同じ阿呆なら踊らな損々……」と唄われますが、「死者の力」を受けることができるわけですから、ほんとうに「踊らな損々……」だと思います。

ただしその時、お盆で里帰りしている死者の魂と一緒に踊るという気持ちが大切です。盆踊りも、目には見えない死者の魂と肉体を持つ人間の魂が交流する場所という意味で、一種のヒエロファニーです。そこでほんとうに楽しく、無我夢中になって踊ってこそ、生と死の「縁結び」になるのです。

札幌のYOSAKOIソーラン祭りには、全国から何万人もの若者が集まり、乱舞の中で生命力を爆発させる一大イベントになっています。これは多くの若者を元気にするだけでなく、約二百万人の観客を動員し、北海道の経済を活性化させています。梅雨のない北海道の風土をうまく活かした素晴らしい企画ですが、そこに盆踊りのような宗教的意味をもたせてはいません。

必ずしも宗教的なイベントにする必要はありませんが、北海道の大自然を祝福し、その「マナ・パワー」を取り込むためのダンスというふうなスピリチュアルな意味を持たせると、もっとパワーアップするに違いありません。

盆踊りの歴史は、おそらく相当に古いものと思われます。世界の宗教舞踊を見ても、複数の人間が輪になって踊る形式は圧倒的に多いのですが、そこにはこの世の人間の力を結び合わせて、神や死者といった「見えざるもの」とつながっていくという意味があるように思います。

北海道でイオマンテ（熊送り）に参加させてもらった折、アイヌの輪踊り（リムセ）を目の当たりにしましたが、夜を徹して踊られるその迫力に圧倒されたことがあります。考古学的資料は見つかっていないものの、きっと縄文人や弥生人も同じような踊りに夢中になっていたことが想像されます。異次元の存在との交流を成立させるためには、一種の集団的恍惚（オージー）に入っていく必要があるからです。

盆踊りでも、民謡・太鼓・笛などのお囃子で雰囲気を盛り上げていきますが、踊り手が時を忘れるほど熱中してこそ、死者の弔いになるのではないでしょうか。昔は盆踊りがきっかけで、若い男女が結ばれたというような話をよく聞きましたが、死者が縁結びを応援してくれるのかもしれません。人と人との連帯感がすっかり希薄になってしまった現代日本の地域社会にも、盆踊りの復活が待望されます。

●「死者の力」で繁栄した都市

死者が持つ「マナ・パワー」は個人の幸福だけではなく、もっと大規模に力を発揮して、人間集団に繁栄をもたらすことがあります。その一例が、花の都パリです。カタコンブ・ド・パリと呼ばれる地下納骨堂には、六百万人の遺骨が納められています。

千三百年間にわたって死体が埋葬されていた市内のサン・イノサン墓地を閉鎖した際、そこの遺骨を地下採石場に移したのがその起源ですが、毎日多くの観光客が長蛇の列をなしています。「止まれ！ここが死の帝国である」と刻まれた碑がある入り口から入って行くと、そこには頭蓋骨と大腿骨が整然と積み上げられた地下通路が延々と続きます。私もそこを訪れた時、ひたすらお経を上げながら歩いたことを覚えています。

集団墓地が飽和状態になり、深刻な衛生問題が発生したことが、カタコンブ建設の現実的理由でしたが、どうやらフランス人は紀元二世紀ごろからローマに存在した地下埋葬地カタコンベを真似たようです。ローマ人も地上の繁栄は、地下の「マナ・パワー」を必要としていることを直観していたのです。

第2章でお話ししましたが、プエルトリコの若者が埋葬地の上でバティ（サッカー）をして「死者の力」を取り込んだのと同様に、パリ市民も死者の「目に見えざるもの」に励まされて、地上にフランス文化の華を咲かせてきたのです。十九世紀になると、王族や貴族がそこで晩餐会を開くようになったそうですが、小説『レ・ミゼラブル』の作者ヴィクトル・ユゴーや『オペラ座の怪人』の著者ガストン・ルルーも、カタコンブでインスピレーションを得て歴史的な作品を書いたとされていますから、「死者の力」が彼らの豊かな想像力を刺激したのでしょう。

●天皇や将軍も死者に守られていた

ローマやパリに限らず、ヨーロッパ各地に類似した地下埋葬地が作られていたのですが、日本の京都も「死者の力」に支えられて千年の都たり得たのかもしれません。京都には、化野《あだしの》・鳥辺野《とりべの》・蓮台野《れんだいの》という三大風葬地以外にも、いくつもの埋葬地が周辺部に点在し、そこに死体が集積され、鳥や獣に喰われたり風化したりしていくのを待ったわけです。そして、そういう場所には必ず立派な寺院が建てられ死者の供養がねんごろに行われました。

街の中心には御所があり、国体そのものと信じられた天皇がいらっしゃったわけですが、天皇は死の穢れを「気枯れ」として忌み嫌ったはずです。なのに、京都盆地のあちこちに死体遺棄の場があったというのは不思議な気がしますが、死者を供養することによって、それが都を活性化する「マナ・

パワー」となり、国体護持《こくたいごじ》にも役立つと思われていたからではないでしょうか。

明治政府ができて天皇が移った東京でも、皇居は谷中霊園、青山霊園、雑司ヶ谷霊園、築地本願寺の四つの墓所に囲まれる長方形の中心部に収まる場所にあります。皇居の前身である江戸城を作った徳川家康が風水にこだわったことに由来しているのかもしれませんが、現在の東京が享受する世界有数の繁栄も「死者の力」に支えられているように思えてなりません。

そもそも皇祖神が祀られている伊勢神宮も「死者の力」に守られています。神宮の鬼門の方向にある朝熊山は、死者が集まる山と信じられてきたにもかかわらず、しっかりと伊勢詣のコースに組み込まれています。伊勢音頭で「お伊勢参らば朝熊をかけよ、朝熊をかけねば片参り」と唄われてきた通り、人々は外宮と内宮を参拝後、朝熊山にある金剛證寺をお参りするしきたりになっていたのです。天照大神や天皇といった生の世界を象徴する存在が、「死者の力」によって支えられているという構造をここにも垣間見ることができます。

●どういう神社やお寺にお参りすべきか

「見えざるもの」のふたつ目が、「神仏の力」です。これを感じるには、寺社仏閣にお参りするのが手っ取り早いわけですが、どういう神社やお寺に行ってもいいわけではありません。「神仏の力」が不在の、もぬけの殻みたいな場所もよくあるからです。

神社なら神官、お寺なら僧侶が毎日境内を掃き清め、祝詞を上げたり、読経したりしていなければ、そこに霊験あらたかな「神仏の力」など宿りようもないのです。どれだけ便利なパソコンでも、頻繁に充電しなければ使い物にならないように、寺社仏閣も人間側からの充電が必要なのです。この場合の充電とは、誠心誠意の信仰心のことです。中には、魑魅魍魎の巣窟みたいな寺社仏閣もあり、お参りすることによって、こちらの「気」が汚れてしまうこともあり得るから、要注意です。

そこに神仏の清々しい「マナ・パワー」が存在するかどうかは、神社なら鳥居、お寺なら山門を潜った時に、おおよその気配でわかります。いちばんわかりやすい目安は、境内が清楚に整えられているかどうかです。ろくに掃除もしていなければ、その時点で引き返すべきでしょう。

二番目に本殿や本堂の内部の様子を見てみることです。祭壇がきれいに磨かれ、お供えがきちんとされているかどうかが、目安になります。祭壇というのは、寺社仏閣の心臓部ですから、そこがおろそかにされていたなら、「マナ・パワー」など宿りようがないのです。祭壇が美しく整えられているということは、そこにいる神主や住職が真面目にお勤めをしている証しでもあります。

三つ目は少し技術を要しますが、祭壇に向かって両手を広げてみてください。手のひらの真ん中あたりに、温かいものや静電気のようにビリビリしたものを感じられたら、そこには確実に「マナ・パワー」が宿っています。

もし運よく、気持ちのよい神社やお寺に出会われたら、その境内にできるだけ長く佇むことです。スポンジでも水を吸わせるのに、少し間が必要なように、「神仏の力」を自分の身心に取り込むためには、ある程度の時間が必要です。ですから寺社仏閣にお参りしても、形通り、賽銭をあげたり、頭を下げたりしてくるだけではもったいないと思います。

●みだりに足を踏み入れてはいけない神域

古代から神々に祈禱した特別な場所である沖縄の御嶽《うたき》やハワイのヘイアウなどもヒエロファニーですから、部外者が足を踏み入れてはいけない神聖空間です。神社の神籬《ひもろぎ》（神霊の依り代）となっている森や山も、同様に神聖空間ですから、立ち入り禁止となっています。この世にあっても、あの世の領域でもあるわけです。そういう場所からは、石ころひとつ持ち帰っても障りがあるとされていますから、不謹慎な心得は持つべきではありません。あえて禁を犯すと、ケガをしたり、物を失くしたりするなど、何かの障りが起きる可能性があります。

石ころと言えば、私には苦い思い出があります。台湾の先住民アミ族のことを調査するために、花蓮県の瑞穂《ずいすい》に出かけた時のことです。地元の観光ボランティアをしているご婦人がとても親切で、あれこれ話しているうちに、「このへんの川では陽春石というのがあって、それを寝床に置いておけば、男の人はいつまでも元気な夜が過ごせるの。うちの主人も置いてるわよ。ふふっ」と笑うのです。

好奇心旺盛な私は、半ば冗談で「そんなありがたい石があるんですか。じゃあ、私も川原に行って、拾ってきます」と言ったところ、「うちに余分なのがひとつあるから上げるわ」と言って、ほんとうに家から持ってきて、私にくれたのです。

それは、まるで白砂糖をまぶしたように上のほうだけが白みがかった濃い緑色の石でした。置物にしたくなるような美しい石だったので、丁重に礼を言い、日本に持ち帰り、自宅のリビングルームに飾っておきました。ところがそれ以来、私は帰宅するたびに、何週間もクシャミに悩まされるようになったのです。

風邪でも引いたのかなと思ったのですが、それらしき兆候はありませんでした。しかも北側にあって日当たりの悪い寝室に入るとクシャミが止まり、南側の日当たりのよいリビングルームに移ると、クシャミが止まらなくなるのです。まったくその理由がわからなかったのですが、数週間後、霊感のある友人に会った時、たまたまその話をすると、即座に言われました。

「リビングルームに、何か今までなかったものを置いてない？」

「置いてるよ。このあいだ、台湾で貰った陽春石という珍しい石だけど」

「クシャミの原因は、それだわ。その石があった川で以前、大洪水があって、たくさんの人が亡くなったみたい。その人たちの霊がその石に入り込んでいるのよ。すぐに地面に埋めて、供養してあげて」

これぞまさしく俗信迷信のたぐいの話と思ったのですが、病院に行こうかと思うほど、クシャミが深刻化していたので、とりあえず言われるままに、その石を近くの山に埋めに行きました。そうすると、たちどころにその症状が消えたのです。まったくキツネにつままれたような話ですが、どうやらその石もまたネガティブなエネルギーを蓄えた一種のヒエロファニーだったのです。

さて話を戻すと、トーラ（モーゼの五書）や聖書などの啓典を絶対視する一神教の人たちにとっては、たとえそれが印刷物であっても、神の言葉が記されているわけですから、ヒエロファニーとなります。イスラム聖典であるコーランを冒瀆すると、時には殺傷事件にまで発展するのは、そのためです。

啓典の民ではない日本人にとって、そういう感覚は理解しがたいものですが、ヒエロファニーの定義は、文化によって異なります。仏教では、お念仏やお題目も人間が発声する声に、仏様が現われるのですから、声のヒエロファニーと言えます。ですから、そういうものを唱える時は、なるべくお腹からしっかりとした声を出すことが肝要です。

我々にとって、いちばん親しみのあるヒエロファニーは、神棚、仏壇、墓石です。そこが天と地、あの世とこの世のつなぎ目になるわけですから、形式はともかく、心を込めて手を合わせることが大切ではないでしょうか。

●パワースポットとは何か

死者や神仏が「マナ・パワー」を出しているのと同様に、自然を形作っているさまざまなものもパワーを放出しています。それを感じやすいのは、巨岩、滝、大木です。最近、週刊誌などでもパワースポットという言葉が頻出し、特集が組まれると注目を浴びるようになりました。そして一度メディアに取り上げられたパワースポットには、若い女性を中心に多くの人たちが殺到します。

しかしそういう人たちが、パワースポットでほんとうに「マナ・パワー」を感じているのか、少し疑問に思います。パワースポットは有名になるほど多くの人間が集まってしまい、かえって、その場が汚れてしまうこともあります。だから、自分の感性で「マナ・パワー」が確かに出ている場所を見つけ、そこをマイ・パワースポットとして、大切にすることをおすすめしたいと思います。

人間にも強いオーラを放っている人がいるように、土地にもオーラを放っている場所があります。それを観じて楽しむのが、本来の意味の「観光」です。いわゆるパワースポットというのは、そういう「光」を放っている場所のことです。

私が「自然の霊力」に興味を持つようになったのは、十数年前にハワイのオアフ島山中をひとりでトレッキングしたのがきっかけでした。歩いているうちに、全身がビリビリとし始めたので、不思議だなと思いました。両手をかざしてみると、正面の巨岩に強く反応したのです。その時初めて、自然界にも「マナ・パワー」が存在することを知ったのです。

「マナ・パワー」は信じるから「ある」、信じないから「ない」といった主観的なものではなく、すべての生命体が持つエネルギーのことです。こちらの身体感覚さえ開いていれば、必ず感じることができる物理的なエネルギーです。「マナ・パワー」をいちばん感じやすいのは、手のひらですが、少し感度が上がってくると、全身に感じられるようになります。とくに神社のご神木のような大樹の前に立って手をかざせば、手のひらにビリビリとした感覚があるはずです。それが、「マナ・パワー」です。

人間に汚されていない海や川に行っても、水のエネルギーが「マナ・パワー」として感じられます。水も、確実に生きているのです。山梨県に忍野《おしの》八海《はっかい》という場所があって、そこには富士山の伏流水がこんこんと湧き出ている泉があります。最初、訪れた時、全身がビリビリするので「なぜかな」と思ったのですが、紺碧の泉の水そのものが発信源だと気づいて、驚いたことがあります。

長野県伊那市の分杭峠《ぶんぐいとうげ》は、ゼロ磁場として有名です。多くの人がそこに行って、身心のバランスを取り戻そうとします。分杭峠一帯に強い「マナ・パワー」が出ていることには、科学的根拠がありま す。ここは中央構造線と糸魚川・静岡構造線が交叉する付近にあり、その断層の隙間から地底にあるエネルギーが地表に出てきているからです。

観光地として有名な台湾東部にある国立公園・太魯閣《たろこ》渓谷なども、強烈な「マナ・パワー」を出しています。以前、そのことを地元のガイドさんに教えてあげると、今はお客さんへの案内の中でその話に触れるようになったそうです。断層がある地域は地震が起きやすいので危険とされていますが、「自然の霊力」を感じるにはよい場所と言えます。

●自然から受け取るもの

どちらかと言えば、私はお寺よりも神社にお参りするほうが好きです。なぜなら神社の境内には「マナ・パワー」が出ているところが多いからです。恐らく神社の境内は、もともと縄文時代や弥生時代から宗教的な祭祀場だったところが多く、強い磁場だったと思われます。そう思えば、京都生まれの私が子供の頃に上賀茂神社や下鴨神社を遊び場にしていたことは、とても幸運なことでした。知らず知らずに格式の高い神社の霊気を吸っていたはずです。

とくに私が心惹かれているのが、沖縄の御嶽《うたき》です。土着の信仰において欠かせない役割を果たしている宗教儀礼の場ですが、これは日本全国にある神社の原型でもあります。簡単な石囲いの中になんの変哲もない石や樹木があるだけなのですが、それがご神体です。地元の人たちのあいだでは畏れ多いとされている御嶽は、ツカサやノロといった伝統的儀礼を営む資格を与えられた女性しか足を踏み入れることができない特殊な神聖空間でもあります。

沖縄諸島には無数と言われていいほど、たくさんの御嶽が存在します。もはや誰もお参りせず、放っておかれたままになっていて、いくら神聖空間と言っても、足を踏み入れたくない不気味な場所もあります。反対に、そこにいるだけで、身が清まっていくような清廉な空気が流れているところもあります。

沖縄本島とその周辺は太平洋戦争では激戦が繰り広げられ、御嶽が防空壕として使われたこともあったためか、陰気な場所が少なからずあります。ところが石垣島を中心とする八重山諸島の御嶽には、そういう影響が少ないためか、清々しい御嶽が多く、とても気持ちのよい「マナ・パワー」が感じられます。

私が頻繁に八重山諸島を訪れる最大の理由は、そういう上質の御嶽を見つけ出す喜びがあるからです。もちろん、本来、部外者は足を踏み入れてはいけない場所であり、御嶽を訪れる時は、必ず鳥居の前で神々の許しを乞います。

御嶽参拝の作法は、地元でおおよそ定まっているようですが、私はそれを知らないので我流でしています。ふつうは、塩・お餅・泡盛をお供えし、ロウソクを灯し、線香を焚きます。そして、般若心経、観音経、感謝念仏（ありがとうの朗唱）などを上げます。そうすると、急に風が吹いたり、太陽が雲間から差してきたり、鳥や蝶々が近くに飛んできたりします。

一度、ある御嶽でお経を上げ始めたとたん、目の前に見たこともない巨大な白い蝶々オオゴマダラが舞い始め、びっくりしたことがあります。そういう現象を密教では「感応道交《かんのうどうこう》」と呼びますが、「見えざるもの」との交流が成立すると、なんらかの可視的反応があります。

全国各地の古い神社にも、たいてい磐座《いわくら》があります。磐座とは、巨岩群のことですが、一種のご神体と考えてよいでしょう。奈良の春日大社のように、ご神殿のすぐ下にある場合もありますが、ふつうは神殿の背後にある神体山の頂上にあります。ご神域ですから、そういう磐座にむやみと近づくのはよくありませんが、必ず強い「マナ・パワー」が出ているものです。それを古代の人々は自然に感得して、神社を造ったのです。

●マナ・パワーが溢れる山々

私がそういうことに関心を抱き始めたのは、海外から戻り、日本に暮らし始めた五十歳の時です。抽象的な宗教哲学の研究にいささか疲れて、神道や仏教よりも、はるかに古い縄文時代の精神文化の実体をどうしても知りたくなったのです。そうすれば、日本の宗教の核心がつかめると考えたのです。

そこで全国各地の霊山に登ったり、霊的磁場を探し求めたりし始めたのですが、その結果、古代日本の宗教が蛇体信仰、樹木信仰、山岳信仰という順に進化してきたことを突き止めたのです。その研究結果をまとめ、『山の霊力』（講談社選書メチエ）を出版したところ、大きな反響がありました。

あちこち歩き回っているうちに、霊山と呼ばれる山には必ず「マナ・パワー」が溢れていることにも気づきました。とくに山伏が山林を歩き回って霊力を得る修験道は、必ず巨岩がある山に発生しています。「マナ・パワー」は、大木や滝からも出ていますが、中でも岩がいちばん強く出していることを発見しました。

修験道の核心は、山伏が山の中を歩き回りながら自然の霊気を体に取り込むことです。体内に取り込んだ霊力で、山伏は人里に下りていって、加持祈禱をしました。そのおかげで病気が治ったり、子供を授かったりすると、人々は喜んでその山伏に布施をしたのです。生活がかかっている山伏も、山の霊力を取り込むことに必死でした。

山伏のもうひとつ大事な仕事は、魂寄《たまよ》せでした。死者の霊と交信し、彼らの考えを生者に伝えることです。ちょうど恐山のイタコのような「異言《いげん》」を語る仕事です。そういう霊力を彼らは、山林を歩き回ることによって、手に入れたのです。長い時間、険しい道を歩き続けることによって、自我意識が剝がれ落ち、無意識のレベルで死者との交流ができたのでしょう。比叡山の回峰行者もなぜ千日という月日を必要とするかと言えば、顕在意識から潜在意識の階段を下りていき、「無意識の光」に触れるためには、それだけの時間がかかるということです。それでこそ、山の石ころから樹木のすべてがホトケとして輝きだすのだと思います。

●異界の言葉を話す人々

ここで先ほど触れた「異言」について、少し説明しておきます。それは、シャーマンが口にする意味不明瞭な異界の言葉です。異界の言葉ですから、現代語ではなく、まったく理解不能の場合もあります。彼らは、たいてい呪文を唱えたり、数珠のようなものを繰ったりして、トランス状態に入っていきます。

一種の憑依現象のような状態になった時、不思議なことを語り始めるのですが、発話者である当人が言葉の意味を理解していることは稀です。その傍らで「異言」を聞く者、例えば僧侶とか村の長老とかが、それを理解可能な言葉に翻訳し直す必要があります。

神道の場合、シャーマンである巫女が鈴を振りながら神楽《かぐら》を舞います。雅楽も、彼女の意識変容体験を深めるためのＢＧＭであると言えます。巫女は何度も何度も体を回転させながら鈴を振りますが、これは世界の巫女舞に共通する仕草です。そしてトランスが最も深まった状態で、巫女は「異言」を語り始めます。

状況によっては、「異言」を書き留める書記役の人間がいるはずです。巫女が「異言」を記憶に留めることは、ほとんどないからです。その書き留められたものを宮司に見せ、彼が時間をかけて解読することになります。そこに巫女と宮司の分業があり、信憑性が問われる「異言」の暴走を防ぐ役割を果たしているのです。

現代社会にも、いわゆる霊能者が巷に多く存在しますが、彼らが口にする「異言」を鵜呑みにすることは、危険と考えるべきでしょう。シェイクスピアの『マクベス』で、将軍マクベスが荒野で出会った三人の魔女たちに「万歳、いずれ王になるお方」とそそのかされて、自分を信任していてくれた国王を暗殺してしまったようなことが、現実にも起きかねません。

何しろ眼に見えない世界のことを語るわけですから、その信憑性を常にチェックする必要がありま す。それをするのが、審神者《さにわ》です。いわゆる霊感商法などに人心が惑わされるのは、シャーマンと相談者のあいだに、審神者の役割を果たす人間が不在のまま、神秘的な「異言」に振り回されるからです。

ところで、聖書に「一同は聖霊に満たされ、霊が語らせるままに、ほかの国の言葉で話し出した」（使徒行伝二：四）という「異言」に対する記述があるように、聖霊降臨を重視するキリスト教ペンテコステ派の祈禱でも、人々はトランス状態に入っていき、わけのわからない言葉をつぶやきます。

そういうことは、アメリカの黒人教会に多いのですが、信者たちがソウル・ミュージックのように讃美歌を激しく歌い、集団的恍惚（オージー）に入ってくると、わけのわからない言葉を口にしたり、失神して教会の床に倒れ込んだりします。ちょっと異様な光景ですが、彼らにとっては神との合一体験を持つことができる最も敬虔な時間なのです。

拙著『〈狂い〉と信仰』（PHP新書）でも触れたことがあるのですが、アメリカ南部には同じペンテコステ派教会で、日曜礼拝に毒蛇を扱うところが三百か所ほどあります。

手で蛇をつかみ、また、毒を飲んでも決して害を受けず、病人に手を置けば治る。

（マルコによる福音書十六：十八）

こんなことが聖書に記されているために、信者たちは祈禱を通じて聖霊が降臨していれば、ガラガラヘビを手づかみしても咬まれないし、咬まれても傷口に手を当てれば、死なないと信じているのです。現実には毎年、毒蛇に咬まれて死亡する人が後を絶たないわけですから、宗教とは恐ろしくも愚かな面があります。

けれども私は「異言」という言語が持つ特殊な働きに注目したいと思います。「異言」はシャーマンだけでなく、前世の記憶を持つ子供たち、認知症にかかった老人、統合失調症のようななんらかの精神疾患を持った人も口にすることがあります。それらを単に非常識な発言として全否定するのではなく、素直に耳を傾けてみれば、目に見えない世界からの貴重なメッセージが含まれているかもしれません。その心の柔らかさ、素直さこそが、現代人に求められているような気がしてなりません。

●「目に見えるもの」も大切に

よく宗教家は、この世のことは空しいものだから、お金や名誉に目を向けるな、と言ったりしますが、私はそういう意見にあまり賛成できません。この世に肉体を授かって生まれてきた以上、人間として世俗的な成功を収めることも大切です。

金銭欲、名誉欲、愛欲などの欲望も決して汚れたものではなく、神様から人間に与えられた最高のプレゼントです。それがあるがゆえに、人間はたゆまぬ努力をします。愛欲が執着の原因になるのも事実ですが、素晴らしいパートナーに出会い、その人と結ばれるためには、自分の外面だけでなく、内面も磨かなくてはなりません。だらしのない人間に、最高の伴侶が見つかるはずもないのです。

晴れて成功するに至り、望んだものを手に入れたあとも、その成功を持続するためには、正直、誠実、勤勉、創意工夫など、いろんな要素が必要です。それらをわきまえて精進努力するうちに、人間は成長します。そして自分が本気で志していた夢を実現することができたなら、それが大きな満足感をもたらしてくれます。そういう世俗社会における達成感は、魂の成長にとてもよい栄養素となります。精神論だけでは、人間は満足できないようにできているのです。ですから、欲望を汚らわしいものと思わず、それを直視し、自分がほんとうに欲しているものをフェアプレーで手に入れていく努力をするべきだと思います。

反対に、世俗的な努力を回避し、スピリチュアルな世界にのめり込んで、「見えざるもの」の神秘現象にうつつを抜かすようことは、人間として極めて幼いことです。いわゆる霊能者などに、その傾向が強いようですが、この世をしっかりと生き、世俗的な営みにおいて目に見える結果を出すことは大事なことだと思います。

「見えるもの」を大切にした上での、「見えざるもの」の追求です。言ってみれば、「見えるもの」と「見えざるもの」はクルマの両輪のようなものであり、どちらを欠いても全人的成長は望めないと思います。改めて確認しておきたいのは、私が本書で指摘しようとしているのは、近代社会では「目に見える世界」の評価ばかりに偏重があり、「目に見えない世界」があまりにもないがしろにされているところに、問題があるという一点です。

第6章

生と死の「縁結び」

●日本文化の核心にあるもの

日本の国民的宗教といえば神道と仏教ですが、私はその両者のあいだに必ずひとつの共通基盤があるはずだという前提のもと、長年、宗教研究を重ねてきました。その結果、とうとう答えを見つけたのです。どこに見つけたのかといえば、神社の正面に掛かっているしめ縄です。あれは、雌雄の大蛇が交尾している姿であり、神道が最も尊ぶ「産みの力」を象徴していると考えられます。さらにそこから飛躍して、「見えるもの」と「見えざるもの」というふたつの異なる世界が統合されていく日本の文化的発酵力を表しているとも、私は考えています。

本来、神社は神と人が結ばれる不思議な場所です。愚かな人間も、至誠を貫いた生き方をするならば神になり得るのです。仏教にも、「煩悩即菩提《ぼんのうそくぼだい》」とか「凡聖同悟《ぼんしょうどうご》」とか、ふたつの相反するものが結ばれるという考え方が本質にあります。そこが日本宗教の本領です。

対照的に一神教では神と人とは、どこまでも断絶した存在であり、神人合一体験を尊重する神秘主義者を除いて、両者が結ばれるという考えはありません。神と人との断絶が、西洋一神教の思想的元型になっていますから、そこから派生した西洋近代文明にも、生と死、聖と俗、善と悪、精神と物質の断絶が厳然として存在しています。

ところが、いたずらに善悪白黒をはっきりさせない曖昧な文化を培ってきた日本人には、それらは相対立するものではなく、つながっているという直観があります。それを私は「結びの思想」と呼び、そしてそれこそが日本国民が誇りとすべき精神遺産であると定義づけるに至ったのです。

日本の伝統芸能や科学技術は、すでに国際的に高い評価を得ていますが、この国の思想的元型としての「結びの思想」は、ほとんど認知されていません。それは日本人自身が目に見えない「国宝」としてのこの精神遺産を自覚していないからです。私は、日本の思想的元型を世界発信することに、残された学者生命を賭けたいと思っています。

京都学派の西田幾多郎もまた、彼の禅体験に基づいた日本の思想的元型を西洋的な論理で解明しようとした最初の哲学者ですが、その表現があまりにも難解なため一部の研究者以外にはその思想が受容されていません。「結びの思想」は、西田の「絶対矛盾の自己同一化」という概念の延長線上にあると言えますが、私はなるべく抽象的観念論に走らず、わかりやすい議論を展開したいと思っています。

●神話に学ぶ「結びの思想」

日本は何しろ歴史の始まりからして、男女の結び、つまりイザナギ（伊弉諾）とイザナミ（伊弉冉）が「まぐわいの儀」を営み、次々と国生みをしていったことになっています。それは、この世の初めにアダムとイブが愚かにもサタンである蛇に騙され、うっかり禁断の実を口にすることによって、あがなうことのできない原罪を犯してしまったという世界観とは、まったく異なるものと言えます。

日本では蛇はサタンではなく、神として崇められてきました。だから、それを象徴するしめ縄が、いずれの神社にもあるのです。とくに伊勢神宮系の瀟洒なしめ縄に比して、出雲大社系あるいは諏訪大社系のそれは、圧倒的な存在感をもって神社本殿の正面に陣取っています。

縄文土器にも蛇の文様が圧倒的に多いのは、古代日本人が蛇体信仰を持っていたことを表しています。蛇の旺盛な生殖力が信仰の対象になり、やがて神道が何よりも尊いものとする「産みの力」に結びつけられたのでしょう。それは決して野卑なことではなく、このしめ縄の雄々しき姿にこそ、われわれ日本人の思想的元型が隠されているのです。

●「縁結び」のほんとうの意味

『古事記』の中で、「国生み神話」と並んで注目すべきなのは、「国譲り神話」です。オオクニヌシが高天原を主宰するアマテラス（天照大神）から派遣されたタケミカヅチ（建御雷神）に国譲りをしたということは、先住民が渡来民に葦原中国《あしはらのなかつくに》の統治権を譲ったという史実に基づいたものと考えられます。

この「国譲り神話」は、『旧約聖書』に定められているような聖戦による異民族・異教徒の殲滅義務とは対照的に、先住民と渡来民のあいだに芽生えた「和譲の精神」を象徴するものであり、そのような古代神話を民族的精神遺産として二十一世紀の今日まで引き継いでいることを、日本国民は大いに誇りとすべきではないでしょうか。

ところで出雲大社と言えば、まず「縁結びの神様」ということになります。元禄時代に活躍した浮世草子作家・井原西鶴の『世間胸算用』にも「出雲は仲人の神」と書かれており、すでに江戸時代において、良縁を結ぶことを願って、多くの人々が出雲に向かっていたと思われます。

そのような信仰が広まった理由は、平安時代末に藤原清輔《きよすけ》が書いた歌学書『奥義抄』にも記されていることですが、十月の神無月《かんな》を出雲では神在月《かみあり》と呼び、日本中の神々が集うと信じられていたためです。諸国を離れた八百万の神々が出雲の地で、いずれの男女を結び合わせるかを協議する折に、ぜひ自分の縁も結んでもらいたいと人々は願ったのです。

松江にある八重垣《やえがき》神社は、さらに男女の「縁結び」で賑わっています。なぜなら、スサノオ（素盞嗚尊）がヤマタノオロチ（八岐大蛇）退治に成功した後、晴れてクシナダヒメ（櫛名田比売）と結ばれ、ここに住んだことになっているからです。そして、あの有名な日本最初の和歌「八雲立つ　出雲八重垣妻ごみに　八重垣つくるその八重垣を」を詠んだとされています。

●オオクニヌシとは誰なのか

しかし出雲の神々は男女の縁結びよりも、はるかに重要な使命を担っていたのです。それは、幽世《かくりよ》と現世《うつしよ》の縁結びです。それは、死の世界と生の世界の統合を意味します。

吾《あ》が治《し》らす顕事《あらわにごと》は、皇孫《すめみま》治らしたまふべし。吾は退《さ》りて幽事《かくれたるごと》を治《し》らさむ。（『日本書紀』）

これは、オオクニヌシが幽冥主宰大神《かくりごとしろしめすおおかみ》、つまり死の国の大王となることを堂々と宣言した言葉です。国津神《くにつ》たるオオクニヌシは、目に見えない幽世を治めることに専念し、現世《うつしよ》の目に見える政《まつりごと》を天《あま》津《つ》神にまかせる決意をしたのです。出雲大社のしめ縄が伊勢神宮とは異なり、左縫いになっていることも、「生者の力」よりも「死者の力」、「見えるもの」よりも「見えざるもの」が、人間の現実的世界を主体的に動かしていくことを表しているのではないでしょうか。

オオクニヌシが死の国の大王となるには、それなりの理由がありました。彼が、まだオオナムヂと呼ばれている頃、因幡国で兄である八十神《やそがみ》たちが求婚したものの断られたヤガミヒメと結ばれ、大いに嫉妬を買いました。そのため二度も兄たちの罠にかかり、殺害されたのですが、そのつど母神であるサシクニワカヒメ（刺国若比売）の力で、冥界から復活しています。

根の国（黄泉の世界）から辛うじて逃れたオオナムヂは、スサノオの娘スセリビメ（須勢理毘売命）と相思相愛の仲になりますが、今度はスサノオから繰り返し、命を賭した試練を課せられます。この時も、スセリビメの機転により、何度も窮地から脱出しています。その必死の試練を乗り越えたオオナムヂは、ついにスサノオから認められ、オオクニヌシとなって国を治めることを命じられました。ようやくスセリビメを正妻に迎え、宇迦《うか》山の麓の岩の根に宮柱を立て、高天原に届くような立派な千木《ちぎ》のある新宮を建てて住み、国づくりを始めたわけです。

オオクニヌシの化身とされる大黒天の起源は、ヒンドゥー教の神マハーカーラですが、マハーは「大」であり、カーラは「黒」です。そしてヒンドゥー教では、マハーカーラは冥府の神でありながら、財福をもたらすとして篤い信仰の対象になっています。このことは、「死者の力」の支援なくしては、現世の人間的幸福は実現しないことを意味していると言えますが、そういう考え方をいにしえの日本人は、インド人とも共有していたのです。

オオクニヌシが、現世的な福運をもたらす大黒天とみなされる一方で、死の国の大王であり得たのは、幾度となく死の世界に堕ちながら、そこから復活しているからです。そこには母サシクニワカヒメと妻スセリビメというふたりの女性の力が働いていることも、注目しなくてはなりません。

かつて高天原から追放されたスサノオもまた、女性の力を得て、根の国から復活したとも言えます。彼は神通力を使って、ヤマタノオロチに喰われることを恐れるクシナダヒメを湯津爪櫛《ゆつつまぐし》に変えてしまいますが、その櫛を自分の髪に挿し込み、そのおかげでオロチ退治に成功します。そしてかつては降りしきる雨の中を誰にも相手にされずに、独り寂しく根の国に堕ちていった彼が、愛するクシナダヒメと共に須賀の地の宮殿に住むことになったわけですから、これはみごとな復活と言わざるを得ません。

●人間は「追放と復活」を繰り返す

拙著『ニッポンの底力』（講談社+α新書）でも論じたことですが、日本文化の祖型は、「追放と復活」にあります。その貴重な祖型を現代人に継承するために、スサノオやオオクニヌシの神話は今に至るまで連綿として語り継がれてきたわけです。

スサノオも、その娘婿であるオオクニヌシと同様に、根の国、つまり地の底にある死者の国を拠点として地上に現れた大神です。その双方の神が祀られる出雲大社の「神迎神事《かみむかえしんじ》」では、稲佐の浜に到着した神々が「龍蛇神」に先導され、出雲大社まで御神幸されます。この「龍蛇神」とは、日の沈む海から上陸してくる海蛇なのですが、まさに冥界の使者のことではないでしょうか。

それとは対照的に、高天原のアマテラスは、日が昇る伊勢の地に降臨したことになっています。伊勢神宮ご正殿の床下にある「心《しん》の御柱《みはしら》」は太陽エネルギーが注入されたヒエロファニーにほかなりません。

国譲り神話は、冥界の大神と天界の大神が地上の人間界で出会い、ついに和解に至ったことを示しています。その両者が手を結んだということは、冥界（死の国）と天界（生の国）の融合から生み出される不可思議な霊力を国家運営の原理とすることが定められたことを意味しています。その両者の和解の象徴として、壮大な出雲大社が建てられたという解釈もできます。

したがって、アマテラスに派遣されたニニギノミコト（瓊瓊杵尊）が日向の高千穂峰に天孫降臨し、その系譜にあるとされる天皇が「死者の力」によって現世の顕事《あらわにごと》をつつがなく治めるために、朝な夕なに宮中において神事を営むことは絶対不可欠だったのです。残念ながら、そういう認識が現代日本の国民の間ではほとんど共有されていません。

本居宣長の『玉勝間』によれば、かつての出雲大社本殿は現状の倍ほどもあり、平安時代には十六丈（約四十八メートル）、さらに上古には三十二丈（約九十六メートル）であったとされています。これは、当時の東大寺大仏殿や平安京大極殿より規模が大きかったことになりますが、それほど重要な構造物だったのです。出雲大社は、オオクニヌシが覇権を諦めたことへの見返りとして建てられたことになっていますが、恐らく真の理由はそうではないでしょう。それは生死の結び合いが生み出す「マナ・パワー」を国家運営の基軸に据えることをもっとも具体的に象徴する地上の構造物であったために、それほどまでに大規模なものにする必要があったと思われます。

さらに出雲大社では、その創建以来、アマテラスの子のアメノホヒ（天穂日命）を祖とする出雲のですが、そうはならなかったわけです。これは、冥界の大神に天界の大神が派遣した伊勢族の人間が仕えることであり、現実にも日々の神事が顕幽の結びであることを意味しています。

したがって、出雲地方のもろもろの神社に参詣するということは、男女の「縁結び」を願うこと以前に、生と死の「縁結び」を地上の人間として心から祝福し、そこから生まれる神妙な力をわが身に受けることを意味しています。実際に出雲大社の境内には、強い「マナ・パワー」が感じられるスポットがあるのですが、それがどこにあるのかは読者の楽しみにとっておきます。

考えてみれば、スサノオやオオクニヌシと同様に、我々の人生も七転び八起きですから、「追放と復活」の繰り返しです。そもそも死は生からの追放ですが、我々が生きているということは、死からみごとに復活しているわけです。復活した生をどうまっとうするか、それは我々ひとりひとりに課せられた最重要のミッションです。

●神話と怪談に共通するもの

出雲地方には出雲大社以外にも、じつに多くの神社が存在していますが、それと同じだけの数の神話があり、また継承されてきたことを意味します。「見えざるもの」の物語である神話を生みだすのは、ほかならぬ「無意識の力」です。その内容を顕在意識の合理的思考では把握しきれないものがあるのは、当然のことです。神話が秘めている謎を解読するには、それを読む側にも相当な「無意識の力」が必要とされるのかもしれません。

それを誰よりも強く持ち合わせていたのが、皮肉にも日本人ではなく、民話の国アイルランドの父と、神話の国ギリシア人の母とのあいだに生まれた隻眼の異邦人・小泉八雲（ラフカディオ・ハーン、一八五〇―一九〇四）でした。そういう特異な背景を持っていた八雲だからこそ、出雲神話の本質にある日本人の基層文化を随筆や怪談という形で再表現し得たのです。

池田雅之・早稲田大学教授も、小泉八雲の『知られぬ日本の面影』を現代の『古事記』とみなしてよいのではないかと提起した上で、次のように書いています。

欧米人が古い日本文化に憧れを抱いてやって来るとき、今でも、この八雲の本を携えていることがあるそうです。日本人にとってのみならず、欧米の人々にとっても、『知られぬ日本の面影』が、今日でも『古事記』世界への道案内を果たしているのです。八雲経由での欧米人の日本理解の伝統は、脈々と続いています。現在のように、我々が『古事記』を楽しめるようにしてくれたのは、本居宣長のお陰といえますが、古代の『古事記』世界を現代にしかも世界に繋いでくれたのは、小泉八雲という存在をおいてほかにいないでしょう。

（『古事記と小泉八雲』かまくら春秋社）

とくに八雲は妻セツから伝え聞いた怪談をもとに、珠玉の再話文学を生みだしたのですが、神話的世界を現代語に置き換えようとすると、怪談という形式をとらざるを得なかったのかもしれません。彼の作品の中にある「水飴を買う女」というごく短い怪談を紹介してみます。

松江にある飴屋に毎夜遅く、水飴を買いに来る青白い女がいた。素性を聞いても何も答えないので、怪しく思った飴屋が尾行すると、町外れの墓地の前で姿を消す。墓の下から赤ん坊の声が聞こえてきたので、墓を開けてみると、例の女の亡骸が見つかり、その横で元気な赤ん坊が坐っており、その傍らには、水飴が入ったお椀があった。じつに母の愛は、死よりも強いものだった。

このストーリーは、母神サシクニワカヒメの力で二回も死の国から蘇生したオオクニヌシの話と通じるものがないでもありません。「無意識の力」とは、「母性の力」とも置き換えることができるほど、神話的世界では女性の存在は大きいのであり、男性優位というのは近世以降の歴史の浅い社会制度にすぎません。

●「日本」という世界全体の問題

「国譲り神話」が表現しているのは、ほかならぬ「和譲の精神」です。その美徳を日本国民が堅持していたからこそ、大正時代に駐日フランス大使を務めたポール・クローデルのように「貧しいが高貴である」と、日本人を讃嘆してやまない外国人がいたのです。現代においても、それさえ忘れなければ日本も国際社会で尊敬される国になり得ます。

メディアは、やたらとこの国の否定的側面ばかりを浮き彫りにして、悲観論を煽り立てますが、そんなものに乗せられていたら、ますます悲しい現象を引き寄せてしまいます。広く世界を見渡せば、すぐにわかることですが、人種や宗教による差別も少なく、紛争や飢餓もない平和な国に生まれ落ちただけでも、この上なく幸運なことではないでしょうか。ましてや交通の便や衛生状態を考えただけでも、これほど便利で快適な国は稀有と言わざるを得ません。

それにしては昨今の日本人は自信喪失気味で、人の顔色ばかりを見て暮らしているような気がします。「ニッポン人には、日本が足りない」と言ったのは、山形の老舗旅館の女将をしていた白人女性ですが、たしかに我々は過去から何を受け継ぎ、未来に何を残していくべきか、国民的な使命感が不足しているのではないでしょうか。

かつて建築家のブルーノ・タウトが「『日本』という問題は、もはや日本のみの問題ではなくして、世界全体の問題である。この国もまたその国民の自覚の低下にともなって、次第に退屈に、無味乾燥になり始めるとしたら、それは全世界にとっても恐るべき損失であろう」(『ニッポン』講談社学術文庫)と語ったそうですが、我々日本人は、いよいよ日本人らしく生きることによって、文明の転換期における「世界の結び目」になり得るのではないでしょうか。少なくともそれぐらいの気概をもってこそ、毎日の生活が決して退屈などではあり得ず、希望に満ちたものになるに違いありません。

●「生死即涅槃」という考え方

「禍福はあざなえる縄のごとし」と言われていますが、生と死、煩悩と菩提、意識と無意識、喜びと悲しみのすべてが、まさにしめ縄のように縒り合わせとなっています。それを仏教では、「煩悩即菩提」や「生死即涅槃」という言葉で表現してきたわけです。

我々が生きたり死んだりすることも、涅槃にほかなりません。つまり、どちらもひとつの連続性の中で起きているということです。生と死も途切れていなければ、意識と無意識も途切れていない。皮相な近代合理主義に洗脳されてしまった現代人は、両者が断絶していると考えがちですが、じつはそれがまったくの錯覚だった、ということも大いにあり得ることです。

我々が今生きていることも、無数の人々の死の上に成り立っています。日本文化を築き上げてくれた先人たちも、例外なく冥途に移っています。先人の死は無駄ではなく、生と死の無限回のバトンタッチが繰り返されて、我々は今日の近代的生活を享受しているわけです。遺伝子学者の村上和雄氏は、「生き物が生まれる確率というのは、一億円の宝くじに百万回連続で当たったのと同じくらい凄いことだ」と言っておられますが、生が死を生み、死が生を生み出してきたことに気づけば、今、生かされているだけで十分に奇跡であり、今日の平凡に感謝せざるを得ません。

●人生の主人公は無意識

最近、建設会社の不正によるマンション傾斜問題が起きましたが、あれは現代日本人の心理構造が表面化したような象徴的な事件でした。現代人は無意識への杭の打ち込みが足りないため、自我が不安定になってしまっているのです。うつ病など、いろいろな心の問題を抱えている人が多いのも、意識と無意識の「縁結び」、つまり統合がうまくできていないためです。

日本だけでなく、この意識と無意識の分断というのは、近代社会全般に顕著な傾向です。デカルトが「我思う、ゆえに我あり」と言ったあたりから、人間は、その実在すら疑われる神の意志に服従するのではなく、自分自身の自我意識を何よりも尊重するようになったのです。

それまでの中世社会にはびこっていた宗教的蒙昧を打破するためには、そういう理知を重視する思想が擡頭してくる歴史的必然性があったことは否めません。デカルトは中世の幕を下ろすに当たり、大きな貢献をしたのですが、問題はその後、神の意志を玉座から蹴落とすことに成功した自我意識が、ついつい図に乗って人間の思考構造の中で専制君主のように君臨するようになったことです。

本当の実力者は無限に広がる無意識だのに、氷山の一角にしかすぎない自我意識がわが物顔に振舞いだしたのです。生意気なチンピラがヤクザの親分みたいな態度で、人を仕切っているようなものです。恐らくそういうことをすれば、あの業界でも痛い目に遭うのでしょうけど、人間の意識でも同じことが起きます。抑圧された無意識の逆襲は、精神の不安定という形で、我々の人生を大いに混乱させてしまいます。

理性や知性といったものも、自我意識に属するものですが、それだけで矛盾に満ちた人間の行動を制御できるものではありません。五世紀のインドの思想家ヴァスバンドゥ（世親）が、「アラヤ識（無意識）は暴流のごとし」と語ったほど、無意識は圧倒的な力で、我々の人生に迫ってきます。

クルマでいえば、自我意識はハンドルです。そのおかげで安全運転ができるわけですが、クルマを動かすのは、あくまでエンジンです。エンジンに相当するのが、無意識です。スピードを出しすぎたりして、ハンドルを切り損ねることはままあることですが、自我意識も無意識に敬意を払いながら、自分の限界内で役割を果たしていくべきなのです。

無意識が人間の行動の主体であることは、神経生理学の実験でも証明されています。『無意識の整え方』（ワニプラス）の中で、ロボット工学が専門の前野隆司・慶應義塾大学教授が紹介していることですが、一九八三年にカリフォルニア大学サンフランシスコ校生理学科のベンジャミン・リベット教授が、指を動かすという行為について調べたところ、指を動かすための運動神経の指令（無意識）は、「動かそう」と意図する脳の活動（意識）よりも、〇・三五秒早いことが明らかにされました。つまり、心が「指を動かそう」と思う前に、無意識が先に動いているということです。

もう少し具体的な話をすれば、本書を買うという判断も、タイトル、著者、価格など、いろんな条件を考慮して購入されたと思います。偶然、新聞広告や書店で目につき、それを購入することを決めたという人もおられるはずです。本書の入手に至る道筋はいろいろあったとしても、この本を読むに至ったのは、無意識の働きです。中には友人から譲り受けたという人もいるかもしれませんが、それはその人の無意識が本書を引き寄せたのです。無意識は、つねに自覚されない直観力として、人を突き動かします。

さらにここで強調しておきたいのは、自我意識は生命活動の一部ですが、無意識は死の世界につながっていることです。死が至近距離に近づいてきた人たちに、臨死体験や「お迎え現象」が起きるのも、自我意識が停止し、無意識が剝き出しになってくるからです。無意識は、我々が死んでからも堂々と存在し続けます。死者との対話というのは、そういう意味で自分自身の無意識との対話でもあるのです。自我意識で何でも判断でき、すべてケリがつくと思っている人は、無意識の実力を知らない人です。

我々は、朝から晩までこの自覚されない直観力で生活しています。何事も自我意識で判断するのは当然のことですが、その時、無意識から湧き上がってくる直観力にもっと注意を払えば、建前ではなく、自分の本音が喜ぶ判断ができると思います。しかも何事も一生懸命アタマで考えて判断しなくてもよいようになるので、生きることが楽になります。

心理学者のユングは「自分の中の動物と仲良くすれば、創造性が開花する」と言いましたが、この場合の動物とは無意識のことです。猛獣のような要素を秘めている無意識を抑圧するのではなく、それとよい関係を持てば、もっと自由で楽しい生き方ができます。窮屈な常識の檻に自分を閉じ込めておくのは、もったいない話です。

●潜在意識の階段を下りていく

昔から僧侶たちが読経や坐禅に励むのも、それが潜在意識の階段を下りていく作業だからです。読経や坐禅がしばしば長時間に及ぶのは、自我意識の壁を破り、潜在意識の階段を下りていくには、それだけ時間がかかるということです。十分に深く下りることができれば、生死の境目が消え、「無意識の光」に触れることができます。それを解脱と言います。

別に宗教的な手段を使わなくても、スポーツや音楽を通じて、単純行為に集中すれば、潜在意識の階段を下りていくことができます。マラソン選手がランナーズ・ハイになるのは、走るという単純行為を反復させることによって、潜在意識の階段を下りはじめた兆しです。マラソンに限らず、どんなスポーツでも集中さえすれば、ハイの状態がさらに進み、ゾーンやフローといった、より深い意識状態に下りていくことができます。近代スポーツは勝敗を絶対視しますが、スポーツの本来の目的は、意識と無意識の統合にあったはずです。

ピアニストも指を激しく動かしながら演奏し、音に埋没することによって、潜在意識の階段を下りていきます。昔の音楽家が偉大な曲を次々と生み出し得たのは、潜在意識を突き抜けた無意識の領域で天上の旋律をつかんだからです。その旋律に万人が感動し、死者をも鎮魂してしまうレクイエムも作曲されたわけです。無意識において、神と人と死者の三者が切れ目なくつながってしまうのです。

中世ヨーロッパには、神と人、生と死などの二元論を超克してしまった神秘主義者たちが輩出されました。なかでも、デカルトの物心二元論を批判したスピノザはレンズ磨き職人、「神の本質は無底である」と言いきったベーメは靴職人のまま生涯を終えました。彼らも単純作業を続けることによって、常人には及びもつかない深い思惟に耽ることができたのです。宗教、哲学、芸術、スポーツ、ビジネスなど、いかなる分野に従事するにせよ、何らかの方法で潜在意識の階段を下りていき、そこで秘宝を見つけてこないことには、真の活躍ができないのかもしれません。

●「生きる喜び」と「死ぬ喜び」

どれだけ苦難や矛盾の多い人生であっても、この世に生きることは喜びです。その喜びを味わうために、この世に生まれてきたと言っても過言ではありません。「見えざるもの」の力に導かれているだけでなく、多くの人々の目に見える力に支えられて、今日という日の現実が成り立っています。

人を欺き、欺かれ、人を殺め、殺められ、愛する人に先立たれ、モノを失い、大恥をかき、何ひとついいことがない修羅場の人生であっても、ただただ「ありがとう」です。その感謝の心さえあれば、フィルムのネガをポジに変えることができるのです。それができないうちは、ネガはネガのままで終わります。

二十六歳で亡くなった詩人・石川啄木は、「いのちなき砂のかなしさよ　さらさらと　握れば指のあひだより落つ」と歌を詠みましたが、まったく未熟な人間の感傷であり、希望のない蒙昧の歌です。なぜなら砂にも〈いのち〉があるし、それを握る手にも指にも〈いのち〉が通っています。それを感じることができないなら、人間は誰でも虚無的にならざるを得ないのです。

それとは対照的に、今や日本に六万人近くいる百歳以上の老人、いわゆる「百寿者」には、超越的多幸感を味わっている人が多いと言われています。決して裕福な境遇にいなくても、あるいは寝たきりになっていても、現在の状況に満足し、幸福と感じておられるわけです。

八十歳くらいから自分の機能低下を素直に受け入れ始め、次第に不安や否定的感情が薄れるようです。百歳になると自分の住んでいる場所や家族構成に関係なく、先に亡くなった人たちとのつながりを強く感じ、「見えざるもの」に支えられているような心境になられる人が多いようです。これは、まさに水木しげるさんが「幸福の七カ条」で言及しておられる「目に見えない世界を信じる」幸せな心境です。

例えば、二〇一四年秋に放映されたＮＨＫの番組「クローズアップ現代　〝百寿者〟知られざる世界～幸せな長生きのすすめ～」に登場された百五歳の男性は、「まわりの方、事物一切のもののおかげを受けていると思いますから、このように生きさせてもらって不思議です。感謝感激です」と語っておられます。

それまでの長い人生では、いろいろとご苦労があったに違いありませんが、人生の最終段階に入って、すべてを肯定できるというのは、素晴らしいことです。私のように六十代半ばで生き甲斐を語っても、まだこの後の人生がどう展開するかわかりませんが、「百寿者」が語る「生きる喜び」は、本物と言わざるを得ません。

幸い人間には「生きる喜び」だけではなく、「死ぬ喜び」も与えられています。この世に延々と生き続けなくてはならないとなれば、それはしんどい話です。死ぬことは、月曜日から大汗流して働いたあと、土日の週末を家でゆっくり過ごすようなものですから、文字通り骨になってからですが、大いに骨休めをすればいいのではないでしょうか。

死は恐れるものでも、忌み嫌うものでもなく、しばしの憩いなのです。ましてや死は敗北などではありません。死がどんな形相で訪れようとも、それを優しく受け止める心構えが大切です。頑張った週ほど週末が楽しみであるように、苦労の多かった人生の終焉は、誰にとってもワクワクと楽しみにすべきものです。そこに「死ぬ喜び」というものが、おのずと感じられてきます。できることなら元気で生きるところまで生かせて頂き、最期はニッコリ微笑んで死にたいものです。

●宗教はつねに前衛的であるべき

人間は生きているかぎり、容易には解決し得ない諸々の苦悩に遭遇し、早くこの生を終えたいと思いながらも、いざ忍び寄る死の足音を耳にすると、その恐怖におののきます。そして多くの人は、その答えを宗教に求めようとしてきました。それが、宗教が何千年も人類社会に存続してきた理由です。しかし残念ながら、人間の錯綜した精神的苦悩に真正面から応えるだけの宗教は、現代社会において極めて稀と言わざるを得ません。

私には『前衛仏教論』（ちくま新書）という著書もあるのですが、宗教はすべからく前衛的であるべきだと考えています。宗教は生き物ですから、つねに新陳代謝を繰り返し、進化していくべきものです。たいていの教団は、何百年あるいは千年以上も前に生きていた宗祖の権威に寄りかかり、伝統の上にあぐらをかいているうちに、いま生きている人間のスピリチュアルなニーズに応えられなくなってしまっています。

古代、中世、近世、近代と歴史は変遷しているわけですから、それに伴って人間の心理構造も思考回路も、ともに変化しています。人間の精神性が変化しているのに、宗教だけが昔のままでよいはずがありません。化石みたいな宗教は文化財として観光するにはよいかもしれませんが、人を救うことはできません。

私は比較宗教学者として世界の諸宗教を研究してきましたが、どんな宗教であっても、外側の古い殻には関心がなく、つねにその本質に何があるのかを探ってきました。古い殻とは原理的な教義であり、煩瑣な儀礼であり、形式化した修行のことです。それらを真面目に研究していても、立派に学問は成り立ちますが、私には時間の無駄のように思えてなりませんでした。「故《ふる》きを温《たず》ねて、新しきを知る」ならいいのですが、「故《ふる》きを温ねて、アタマも古いまま」というようなことになりかねないからです。

それよりも、人間の本質的な幸福に貢献する思想、あるいは実践方法を見つけたいと思ってきました。私はアメリカで暮らしていた時、たくさんのアメリカ人相手に坐禅会を開いていた時期があるのですが、形だけの坐禅をしても、人は変わらない、人が抱えている深い悩みも解決されないことを実感しました。

そこで、もっと誰もがやりやすく、しかも実践した人が確実にいい方向に変わっていくような実質的な瞑想法がないものかと、いつも考えていました。その結果、見つけたのが声の力を利用した「ありがとう禅」です。初めのうちは、あまり注目されませんでしたが、十年ほどコツコツと続けているうちに国内外に実践する人が増え、うつ病やパニック障害の改善にも効果を発揮するので、今では医療の専門家も関心を向けるようになってくれました。

●「ありがとう禅」とは何か

ここで、「ありがとう禅」の具体的なやり方を説明しておきたいと思います。これは、私が約五十年という歳月をかけて試行錯誤しながら開発した、誰でも深い精神集中ができる画期的なボイス・メディテーションです。

「ありがとう禅」には、伝統的な坐禅や念仏、内観療法、ホ・オポノポノなどの諸要素が取り入れられていますので、心理療法としても著しい効果があります。宗教ではなく、単純に「声のヨガ」や「声のラジオ体操」だと考えてもらって結構です。ただ私自身は、「ありがとう」という言霊《ことだま》は対立するもののあいだに和解をもたらすので、深い意味において「ありがとう禅」は、「世界平和の祈り」だと考えています。

この瞑想法のポイントは、「ありがとう」の五音をゆっくりと唱えることです。すでにアメリカ、フランス、ベルギー、台湾などで繰り返し開催していますが、世界のどこでやっても、唱えてもらうのは日本語の「ありがとう」です。「ありがとう」の五音が含む母音を唱えないと、倍音にならないからです。倍音というのは、楽器や人の声が出している基礎音の整数倍の振動数を持つ音のことです。倍音に変化するためには、母音の発声が必要です。さらに「ありがとう」は感謝の念が含まれてますので、そこに潜在意識の浄化力があります。

音声学者の大橋力氏は『音と文明』（岩波書店）の中で、科学的データを示しながら、家の中にある電化製品が発する音や、外から聞こえてくるクルマの騒音などが含んでいる低周波音は、子供たちの脳の成長にマイナスになると論じています。反対に、超高周波を含んだ倍音を聞くと、精神が安定し、幸福感に満たされることになります。そこに、耳では聞こえない二十キロヘルツ以上の超音波が含まれているわけですが、その超音波が骨を伝って脳の松果体に到達します。そうすると、さまざまな脳内物質の分泌が促進されます。具体的には、免疫性を高めるオキシトシン、生きる意欲となるドーパミン、精神を安定させるセロトニン、熟睡に必要なメラトニンなどです。脳波もベータ波からアルファ波に変わり、少しお酒に酔ったような、リラックスして楽しい気分になります。

さらに瞑想が深まってくると、生死の境目が消え、宇宙と一体となったような感覚になります。ただ、瞑想は自我意識の厚い壁にドリルで穴を開けるような作業ですから、一定時間、思考を停止させ、一点に意識を集中しなくてはなりません。そこに瞑想の難しさがありますが、私が開発した「ありがとう禅」は、誰でも集中できるシンプルなものです。

時間は必ず一時間かけてやりますが、集中すれば、五分か十分しかたっていないように感じます。

実際に声帯を動かして発声するので、雑念が入りにくく、初心者でも深く集中できます。

●感謝すれば不安は消える

さて「ありがとう禅」は、次の三本柱から成り立っています。

（一）ありがとう念仏
（二）感謝念仏
（三）涅槃禅

最初の「ありがとう念仏」では、木魚に合わせて、「ありがとう」を繰り返し唱えます。短い言葉を反復すると、ごく自然に意識の状態が変わり、とても爽快な気分になります。単純に手足を動かすランニングでも、一定時間継続するとランナーズ・ハイになるのと、同じ原理です。「声の力」のおかげで、瞑想をしたことがない人でも、禅でいう「無心無我」の境地に比較的簡単に入っていくことができます。

ふたつ目の「感謝念仏」が、この瞑想の中心柱ですが、「あ～・り～・が～・と～・う～」と一音ずつ区切って、合掌しながら、お腹からゆっくりと発声します。そうすると、男女混声合唱団のように美しいコーラスになり、自然に倍音が発生します。その時、自分がお世話になった人々を思い浮かべながら、感謝の想いをしみじみと伝えます。相手が生きている、亡くなっているは関係ありません。

まったく忘れていた何十年も前にお世話になった人が思い出されてきて、涙がこぼれてくることもあります。感謝の対象は人間だけでなく、自分が大切にしているモノやペットでも大丈夫です。

何かのトラウマを抱えている人も、精神分析のように原因を痛々しく詮索することなく、自分の「声の力」で古傷を癒すことができます。自分をひどくイジメたり、虐待したりした嫌な人物のことも思い出されることがありますが、淡々と「ありがとう」を唱え続けるだけで、その「否定的記憶」が薄らいで、次第に相手を許す気持ちになっていきます。

不思議なことですが、対象が何であれ、深い感謝の念は最高の精神薬であり、人の心にある不安や恐怖を消してくれます。「ありがとう禅」の核心は、口先だけではない、誠心誠意の感謝にあります。

●死者との再会

亡くなった人に感謝すると、その人の顔がありありと目の前に浮かんだり、その人の気配を強く感じたりします。親しい人だと、その人の匂いまですることがあります。夭折してしまった子供、和解できないまま死んでしまった親、急に冥界に行ってしまった配偶者などと死別の悲しみを抱えたまま、辛い思いで生きておられる方は、無数にいらっしゃいます。

でも「ありがとう禅」では、目に見えない死者の強い存在感や、その人との強いつながりが鮮烈に体感され、自分がその人に今も見守られているという認識に到達します。死者との再会が可能になると言っても、過言ではありません。私が、亡くなった人は死んではいないと確信するようになった理由のひとつに、「ありがとう禅」の参加者の多くがそのような体験報告をしてくれるからです。

幼い頃に父を亡くしてしまった若い女性が母親と一緒に「ありがとう禅」に参加されたことがあります。彼女は瞑想中、「お母さんとお前のことをいつも見守っている。精一杯生きているふたりのことをとても誇りに思っている」という父親の声がはっきりと聞こえてきたらしく、瞑想が終わって後も、しばらく嗚咽しておられました。こういうことは、決して特殊な事例ではなく、よくあることですが、伝統的な坐禅などではまず起きないことです。「声の力」を利用した瞑想効果は、人間の情緒の深いところまで浸透していくようです。

もう一例を挙げると、子供の頃から母親に「あんたは要らん子や」と繰り返し言われ、ずっと冷たくあしらわれてきた記憶しかない年配の女性がいました。その人は、すでに亡くなっている母親のことをひどく恨み、そのせいで自分の生まれた町も大嫌いでした。案の定、瞑想中に自分がひどく恨んでいる母親の顔が出てきて、怒りが込み上げてきたそうですが、「ありがとう」を唱え続けているうちに、突如、自分が生まれた産婦人科の病院と、その病室で自分を嬉しそうに抱きかかえ、オッパイを含ませている母親のイメージが浮かんできたと言います。そのとたん、やっと母を許し、母に感謝する気になったと、涙ながらに語られました。

ご本人も、まさかこういうことが起きるとは予期せずに、たまたま「ありがとう禅」に参加されたにもかかわらず、「声の力」によって潜在意識の階段を下りていかれ、母親との記憶に遭遇されたわけです。

考えてもいなかったイメージが浮かび上がり、感情の変化が起きる脈絡など、どこにもないわけですが、実際に起きたというのは、不思議な話です。恐らく母親が自分を嬉しそうに抱きかかえていたというのも、実際にあった事実だと推測します。「ありがとう禅」では、潜在意識の下に埋もれている無意識の蓋が開きますので、時間を超えた現象を垣間見るような体験が起きるのです。

●理想と現実の「縁結び」

三つ目の「涅槃禅」は、願い事を現実化するための瞑想法です。仰向けに寝て、手足を伸ばします。ヨガの「屍のポーズ」と同じです。そして、ゆっくりと「ありがとう」を唱えながら、自分の夢が一〇〇パーセント叶った場面をなるべく具体的に想像してもらいます。

これは、自分の無意識にある最も根元的な願望にフォーカスを合わせる作業ですので、自分がふだんから考えていた願望とは、まったく違った内容のイメージが浮かんできます。それさえできれば、無意識の元型的イメージが現実に投影されるので、願望の現実化が早まります。

瞑想が深まってくると、体が床から浮き上がったような感覚になることもあります。これは、一種の幽体離脱現象ですが、ここまで来ると、うっとりとして時間感覚が消えてしまいます。ぐっすりと寝込んでしまう人もたくさんおられますが、それでも構いません。睡眠中の潜在意識に、「ありがとう」の言霊が深く染み込んでいくからです。

瞑想全体を通じて、そこには存在しない音声が聞こえてくることも、よくあります。パイプオルガン、雅楽の笙の音、鈴の音、ソプラノの声、読経の声、讃美歌の声などですが、これは倍音に含まれる超音波による脳内現象です。音だけではなく、さまざまな色や形の光を見る人も毎回おられます。そこにはない花の香りがする場合もあります。「ありがとう禅」の目的は、潜在意識のクリーニングであり、神秘体験はあくまで副次的なものですが、このように不思議なことが、宗教にまったく無関心の人にも起きるのです。

瞑想後、シェアリング・タイムとして、全員に一分間ずつ感想を述べてもらいます。参加者おひとりおひとりが語られる内容が、とても深く、時にはドラマチックなので、人の話を傾聴するだけで、とても癒されるものがあります。語りたくないことは語らなくていいのですが、不思議とグループ・カウンセリングのような効果が出てきます。

そして最後には立ち上がって、「ハート念仏」を行います。この時は、大きな輪を作り、右手は自分の胸に当て、左手は隣の人の背中に当て、もう一度、数分間、「ありがとう」を唱えます。そうすると、体がどんどん熱くなってきます。これは、「ありがとう」のエネルギーを循環させる気功法として、全員の生命力を高め、健康増進に効果があります。

それが終わると、「笑いヨガ」で締めくくります。全員が手をつなぎ、「ありがとう」と大声で叫んだ後、両足も動かしながら、なるべく大笑いをします。これを三度繰り返して、「ありがとう禅」は完了します。

終わった後の晴れやかな気分は、全員が共有するものであり、脳波がアルファ波に変わっているため、まるで視力がよくなったかのように周囲のものが鮮明に見えます。この瞑想を長年にわたって体験してくださっている人たちは、皆さんとても明るく、前向きな生き方を手に入れておられます。

慢性的なうつで、自殺衝動を持っていたような人たちでも、劇的な変化をとげられるのです。それは、私になんらかの教えがあって、それを人に伝えるからではありません。誰もが自分自身の「声の力」で、本来の快活さを回復されるだけですので、指導者の私の出る幕はありません。

●人の話に耳を澄ます功徳

じつは「ありがとう禅」には、さらに奥の院があります。それは瞑想後に会場、あるいは近くの居酒屋で開く懇親会のことですが、ともに飲食を楽しみます。これは、第2章で触れた神事における直会の役割を果たしますので、結構、重要なことです。初対面でも、不思議と「ありがとう禅」を共有した人には独特の親近感が生まれます。

宴もたけなわになった頃、ひとりずつ「一分間本音トーク」というものをしてもらいます。自分の心の内にあって、人にいちばん伝えたいことを一分間で話します。なぜ一分間に限定しているのかといえば、余分な話をせず、単刀直入にワンポイントを話してもらうためです。嬉しい話、悲しい話、平凡な話、なんでもいいのです。ただし本音トークですから、挨拶めいた話はご法度です。

この時に、厳しいルールがあります。それは、どんどんと飲食を続けてもらっていいのですが、いっさいの私語を慎むことです。これは、簡単なようで、なかなか難しいのです。すぐに意見を挟んだり、隣の人とお喋りしたりしてしまうことがよくあります。

聡明の「聡」という漢字には、耳偏がついています。十人の話を同時に聞き分けたという伝説のある聖徳太子の別名は、豊聡耳《とよさとみみ》です。人の話に耳を傾けるだけで、素晴らしい知恵を頂けるのです。私は毎週のように「一分間本音トーク」で、多くの人の感動的な物語を聞かせてもらっているので、それだけで賢くなっているような気がしています。

現在の精神医学は薬剤処方が主流ですので、症状を抑えるだけで、患者の潜在意識にある「否定的記憶」の消去には焦点を合わせていません。しかも何種類もの薬を服用する多剤処方なので、健康を害する危険性が高いです。その点、「ありがとう禅」の核心である「声の力」は、副作用のない最高の良薬であり、うつ病やパニック障害も治癒したケースがたくさんあります。私は、この瞑想法が学校、病院、企業などで活用され、多くの人たちの元気回復に役立ってほしいと思っています。

それだけではなく、「ありがとう」という素晴らしい日本語が世界各地で唱えられ、人々の心が和み、少しでも紛争や犯罪が減ることを願っています。すでに亡くなった者も、この地上に残されている者も、「ありがとう」の響きの中で手をつなぎ、今日という日をできるだけ穏やかに、楽しく過ごせることを私は祈っています。

●穏やかな死を迎えるために

死をテーマに多くのことを語り続けてきた本書の締めくくりは、実際に穏やかな死を迎えるための準備について触れておきたいと思います。第1章でも言及したことですが、寝たきりにならないポイントのひとつは、死の床についた時、不要な栄養摂取を避けることです。

昔の老人は死期を察知すると、みずから食事を拒み、老衰の道を選びました。現代に生きる我々も、願わくば家族や友人に囲まれて、感謝の気持ちを伝えてから、老木が枯れるように穏やかに亡くなりたいものです。

それには元気なうちから、食を断つことに慣れておく必要があります。年を取っても、餓鬼のように物を貪り食べる人もいなくはありません。そこで私が提案したいのは、プチ断食の反復練習です。私は「ありがとう禅」のほかに、週末を利用した「ありがとう断食セミナー」を富士山麓の御殿場市で開いています。

長期間の断食は、職業人には参加が難しいことと、体への負担が大きいため、誰にでも勧められるものではありません。私のセミナーは金曜日と土曜日の四十八時間だけのプチ断食ですので、中学生から九十歳の高齢者まで、参加できます。しかも野草・野菜・果物を発酵させた酵素ジュースを飲んでもらいますので、ガン患者を含めて、体力の落ちている方も実践可能です。

それが美容と健康、さらには精神衛生にも大きな効果があることは確認していますが、どうやら穏やかな死を迎える練習にもなるような気がしています。それは断食終了後、こういう穏やかな気持ちで死にたいと言う参加者がよくおられたりすることからも推測できます。

私の断食セミナーでは、日曜日の朝に野菜サラダを摂取することにより、参加者全員に腸内の老廃物を宿便として排泄してもらいますので、デトックス効果は十分にあります。宿便排泄に美肌効果があることはもちろんですが、慢性病の症状が軽くなったり、若返ったりと驚くべき効果があります。病気も早すぎる老化現象も、主たる原因は食べ過ぎと糞詰まりにあります。つねに腸内を美しくしておくだけで、身心共に爽快になります。

そして何より、性格が明るくなります。単なる排便が人間の性格にまで影響を及ぼすというのは不思議な話ですが、実際に多くの事例を目撃してきたので、その相関性には確信するものがあります。人は潜在意識に「否定的記憶」を抱え込んでいると、ネクラになりがちですが、それがまるで宿便と一緒にトイレで流されてしまうのかと思うほどです。

禅道場で一週間、集中的に坐禅し続けることを接心と言います。それでなくても少ない睡眠時間を削って、朝から晩まで坐り込んだりするのですが、私は自分の体験から、そんな厳しい修行よりも「宿便を出す」ことのほうが、人間の精神性を高めてくれると感じています。それは私だけではなく、参加者自身が感じておられると思います。だから毎回五十名近くの方がリピーターとして繰り返し参加してくださっているのです。

食べることは、人間として最高の喜びのひとつです。できれば亡くなるその日まで、何かを口にして「美味しいなあ」と思いながら、あの世に引っ越したいものです。そのためにも、「毎日三度三度、食べなくてはいけない」という思い込みから自分を解放して、時々は食べることを中止し、胃腸を休める必要があります。「食べる道楽」を味わうには、「食べない道楽」も知っていなければならないのです。

それだけではなく、断食中は食べ物の消化に多大なエネルギーを使う必要がないためか、感受性が鋭くなり、自然からの「マナ・パワー」を感じやすくなります。自分が目にしている山川草木が「マナ・パワー」を出していることを、ふだんなら生活に追われて気にも留めないものですが、食べることを止めると、気分までゆったりして、それがわかり始めます。ですから、頭デッカチになった人たちほど、私はプチ断食を経験してほしいと思っています。

我々はあまりにも食い意地が張っており、それがあらゆる貪欲の原因となって、魂の穢れを招いてしまっているからです。とくに日本では誰もが飽食文化に浸りきり、「一億総グルメ」といった感じです。だからこそ心から食材に感謝し、心から料理に感謝するためにも、少しばかり食べることを止め、空腹を味わってみなくてはなりません。

ほんとうにお腹が空いてみると、ふだん当たり前に食べていたことが、どれほどありがたいことだったか、身に沁みてきます。それは、健康のありがたみは、病気になってみなくてはわからないのと同じです。財布や携帯電話もどこかに置き忘れたりした経験がないと、ふだんそれが当たり前にあることにありがたみを感じません。食べることを止めないかぎり、食べ物に心から感謝することはあり得ません。そして食事に感謝するということは、生かされていることに感謝するという意味でもあります。

生かされていることに深い感謝ができれば、自然と迫りくる死にも感謝できるはずです。この世で出会ったすべての人々に、「ありがとう」と言ってからニッコリとして息を引き取る。そこに人間としての最高の尊厳があります。そして何よりも、自分が立派に死ぬことが、ご先祖という死者への究極的な供養になることを強調しておきたいと思います。

中世の念仏信者にとっては臨終の場において、そこに集まった人々の「南無阿弥陀仏」の声に励まされて、極楽往生するのが理想でした。現代社会では宗教色を抜いて、みんなで「ありがとう」という言葉をゆっくりと唱えて、見送る者と見送られる者が「愛と感謝」を共有しながら、最後の時間を迎えるというのはどうでしょうか。その時こそ、死という芸術作品が最高の美を輝かせるはずです。

あとがき

人間の身勝手な思惑で形成された宗教や政治は、人類社会に平和をもたらすことがありません。それどころか、つねに戦争をもたらしてきたというのが、歴史的事実です。そのことを文献学的に明らかにするために、私はオスロ国際平和研究所の仲間たちと、『宗教、戦争、そして道徳』（ケンブリッジ大学出版局、二〇一四年）という本を出したこともあります。

真に世界平和を願うなら、やはり地上の人間力だけでは不可能であり、あらゆる戦いで命を落とした人々の「死者の力」の応援を仰がなくてはなりません。そこに必要となるのは、戦没者への真摯な供養です。日本国民にとっては靖国神社の存在も大切かもしれませんが、敵味方の関係性を超えて太平洋戦争の全犠牲者を弔う施設がどこかに建立されることを望みます。そこで我々は、死者の声を聞くのです。

我々には、広島と長崎の原爆犠牲者のみならず、国内外の戦地で命を落とした日本人と、戦いに巻き込まれた海外の犠牲者を合わせて二千万人以上の人々の声に、真摯に耳を澄ませる責任があります。

「なぜ、こんな無謀な戦争を始めたのか。どうして戦争を回避するために、あらゆる方策を尽くさなかったのか。いかなる理由があろうとも、人間同士が命を奪い合うようなことをしてはならない」

私は、それが戦没者の声だと思っています。

本書は、十年間暮らした広島を去る直前に書き上げました。原爆犠牲者が抱いている平和への思いが、私をしてこの本を書かせたのかもしれません。それもまた、「死者の力」によるものです。

超自然的な神秘現象に心奪われる必要はまったくありません。我々は、先人の死を無駄にしないような生き方を求められています。少しでも人間同士が仲良く、少しでも幸せに暮らすことが、先人への恩返しです。犯罪や戦争で、人と人とが殺し合うようなことは、この貴重な生命を継承して下さった先人に対して、恩を仇で返すようなものです。

世界平和は、ひとりひとりの人間の心に始まります。本書が、その平和な心を取り戻すきっかけになることができたなら、筆者としてこの上ない光栄です。

さて話は変わりますが、二〇一六年、富士山麓の御殿場市に「ありがとう寺」という素晴らしい「ありがとう禅」の拠点が与えられることになりました。これも人生の最終段階に入って、棚から落ちてきた大きなボタ餅です。宗派も檀家もない、世界でたったひとつしかない前衛的寺院となります。巨木を組み合わせた八角形の本堂には、仏像がなく、世界中の人々が真正面に見える富士山に向かって、「ありがとう」を唱えます。私は「ありがとう」という日本語が、やがて世界共通の祈りとなって、人々の心を和らげてくれることを願っています。同じく八角形の護摩堂では、私が「ありがとう護摩」を焚き、人々の幸せと世界の平和を祈ります。私は、炎こそがあの世とこの世をつないでくれる最強のヒエロファニーだと考えています。

しかも「ありがとう寺」には、樹木葬を兼ねたガラス張りの納骨堂が誕生します。納骨堂と言えば陰気な印象を受けますが、その施設は死という最高の芸術作品を預かる霊的美術館です。そこに足を運ぶ人が、いつでも死者と出会い、「死者の力」を生きる原動力にできるような空間にしたいと思っています。

誰もが穏やかに、幸せな死を迎えることができるように、今日という一日を大切に生きたいと思います。

二〇一六年六月吉日

町田　宗鳳

著者略歴
町田宗鳳（まちだ・そうほう）
1950年京都市生まれ。幼少期、キリスト教会に通う時期もあったが、14歳で出家。以来20年間、京都の臨済宗大徳寺で修行。34歳で寺を離れ、渡米。ハーバード大学神学部で神学修士号およびペンシルバニア大学東洋学部で哲学博士号を得る。研究分野は比較宗教学・比較文明論。プリンストン大学准教授、国立シンガポール大学准教授、東京外国語大学教授、広島大学大学院教授、国際教養大学客員教授などを経て、現在、広島大学名誉教授。『森女と一休』『人の運は「少食」にあり』（講談社）、『光の海――死者のゆくえ』（法蔵館）、『異端力』（祥伝社）など著書多数。国内各地およびアメリカ、ヨーロッパ、台湾などで「ありがとう禅」を、静岡県御殿場市で「ありがとう断食セミナー」を、東京で教養講座「そうほう塾」を開催している。御殿場市に無宗派寺院「ありがとう寺」を建立予定。

死者《ししゃ》は生《い》きている――「見《み》えざるもの」と私《わたし》たちの幸福《こうふく》

二〇一六年六月二〇日　初版第一刷発行

著者　町田宗鳳
発行者　山野浩一
発行所　株式会社筑摩書房
東京都台東区蔵前二―五―三　〒一一一―八七五五
振替〇〇一六〇―八―四一二三
印刷
製本　中央精版印刷株式会社

ISBN978-4-480-84309-8 C0095

乱丁・落丁本の場合は、左記あてにご送付ください。送料小社負担でお取り替えいたします。
ご注文・お問い合わせも左記へお願いいたします。
筑摩書房サービスセンター　電話番号〇四八―六五一―〇〇五三
さいたま市北区櫛引町二―六〇四　〒三三一―八五〇七